Carlo Sansotta

Salvatore Alongi

La sicurezza informatica in un Dipartimento per Immagini

Il materiale presentato in questo testo è coperto da diritti d'autore ai sensi della vigente normativa italiana ed internazionale ed è stato rilasciato secondo i termini della **Creative Commons Attribution-ShareAlike 2.5 Italy License** (*Licenza Creative Commons Attribuzione - Condividi allo stesso modo 2.5 Italia [CC BY-SA 2.5]*); per leggere una copia della licenza si può spedire una lettera a Creative Commons, 171 Second Street, Suite 300, San Francisco, California, 94105, USA, oppure consultare il seguente sito web

http://creativecommons.org/licenses/by-sa/2.5/it/

Ogni violazione alle presenti condizioni sarà considerato un reato a norma di quanto previsto in merito dalla Normativa vigente, e come tale sarà perseguito.

La sicurezza informatica in un Dipartimento per Immagini
di Carlo Sansotta e Salvatore Alongi

ISBN: 978-1-326-81635-3

© 2016- Carlo Sansotta, Salvatore Alongi
I edizione ottobre 2016

Indice

Indice di Figure, Tabelle e Diagrammi v
Introduzione 1
Abstract 3
1 DATI, INFORMAZIONI E SISTEMI 6
    1.1 Sistema informatico e conoscenza 7
        1.1.1 Dal dato all'informazione 8
        1.1.2 Il cuore del sistema 11
    1.2 Informazioni testuali e RIS 13
        1.2.1 Natura delle informazioni testuali 14
        1.2.2 Radiologic Information System 15
        1.2.3 Workflow dell'indagine radiologica 23
    1.3 Immagini e PACS 23
        1.3.1 Natura delle immagini digitali 24
        1.3.2 Picture Archiving and Communication System 28
        1.3.3 Anatomia del PACS 30
    1.4 Standard e Protocolli 33
        1.4.1 Health Level 7 35
        1.4.2 Digital Imaging and Communication in Medicine 38
        1.4.3 Interoperabilità 41
2 RETI DI ELABORATORI 46
    2.1 Architettura di rete 47
        2.1.1 Il modello ISO/OSI 49
        2.1.2 Livelli superiori 50

2.1.3 Livello di Rete 52
2.1.4 Livello di Collegamento 54
2.1.4 Livello Fisico 56
2.2 Protocolli di rete 58
2.2.1 Transmission Control Protocol 59
2.2.2 Internet Protocol 60
2.2.3 Ethernet 62
2.3 Classificazione delle reti 64
2.3.1 Topologia di reti 65
2.3.2 Estensione geografica 66
2.3.3 Virtual Private Network 68

3 VULNERABILITÀ DI RETI, SISTEMI E DATI 72
3.1 Vulnerabilità comuni 73
3.1.1 Attacco informatico 74
3.1.2 Analisi delle minacce 78
3.2 Il piano "fisico" 79
3.2.1 Hardware 80
3.2.2 Personale 82
3.3 Il piano "logico" 84
3.3.1 Software malevolo 86
3.2.2 Incoerenza della base di dati 88
3.2.3 Bug relativi al DBMS 89
3.4 Il cyberspazio 91
3.4.1 Debolezze intrinseche 93
3.4.2 Interruzione di servizio 94
3.4.3 Intercettazione dei dati 95
3.4.4 Falsificazione dell'identità 96

4 TECNICHE DI SICUREZZA E PROTEZIONE DEI SISTEMI 98
4.1 Sicurezza informatica 99
4.1.1 Linee guida, Policy e Procedure 102
4.1.2 Controllo degli accessi 105

4.1.3 Sistemi di autenticazione biometrica 107
4.1.4 Problematiche non tecniche 110
4.2 Integrità dei dati 114
    4.2.1 Dispositivi di archiviazione 115
    4.2.2 Storage Area Network 117
    4.2.3 Network Attached Storage 121
    4.2.4 Normativa vigente 123
    4.2.5 Disponibilità 124

5 PROFESSIONISTI DELL'AREA RADIOLOGICA 128
5.1 Formazione 129
    5.1.1 Organizzazione e pianificazione dei corsi 129
    5.1.2 Il Medico Radiologo 131
    5.1.3 Il Tecnico Sanitario di Radiologia Medica 132
5.2 L'amministratore di sistema 132
    5.2.1 Competenze 135
5.3 Vademecum Sicurezza Informatica 136

Figure, Tabelle e Diagrammi 138

Bibliografia 145

Sitografia 147

Indice di Figure, Tabelle e Diagrammi

Figura 1. Modello RIS/PACS.... 6

Tabella 1. Esempio di struttura per i dati sopra elencati 12

Figura 2. Parallelo pacco postale – ISO/OSI. 46

Tabella 2. Comparazione tra Architetture 50

Figura 3. Ponemon Institute - Perceptions About Network Security... 72

Figura 4. Evoluzione dei Sistemi Informativi 74

Tabella 3. Vantaggi e svantaggi delle tecnologie biometriche 98

Tabella 4. Panoramica tecnologie biometriche disponibili............ 110

Figura 5. Il triangolo della formazione.. 128

Tabella 5. Vademecum Sicurezza Informatica................................ 137

Diagramma 1. Diagramma UML. 138

Figura 6. La piramide della Conoscenza 140

Figura 7. Semplice architettura proprietaria 141

Figura 8. Pacchettizzazione e trasmissione dei dati. 142

Figura 9. Linee guida, policy e procedure... 143

Tabella 6. Suscettibilità alle minacce ambientali. 144

Introduzione

L'informatizzazione dei sistemi informativi e conseguentemente la sicurezza informatica degli stessi incontrano una grande resistenza all'interno delle pubbliche amministrazioni, ivi comprese le aziende ospedaliere.

Il non rispetto delle norme produce effetti disastrosi come la compromissione dei dati clinici del paziente, la diffusione impropria violandone la privacy e induce inefficienze che inevitabilmente gravano sui bilanci aziendali.

La scarsa alfabetizzazione informatica è una nota problematica di rilievo nazionale aggravata ulteriormente dalla velocità esponenziale di crescita tecnologica unita all'aumento dell'età media del personale in servizio. Il personale più anziano, infatti, percepisce spesso l'uso del computer come noioso, inutile e tedioso, nonché tende ad ignorare le politiche e le procedure aziendali ritenendo superiore il proprio personale metodo di lavoro acquisito durante l'attività lavorativa.

L'elaborato si pone l'obiettivo di educare l'operatore socio-medico-sanitario circa la tecnologia informatica che incontra quotidianamente nello svolgimento del proprio lavoro, portandolo alla consapevolezza della potenza degli strumenti informatici e della relativa criticità qualora se ne facesse un uso scorretto.

La massima importanza è stata posta sulla creazione di un'esposizione chiara e sull'uso di un linguaggio semplice e talvolta accattivante che porti alla luce come comportamenti diffusi e considerati innocui diventino vere e proprie minacce per l'intera infrastruttura informatica ospedaliera, al pari di un attacco informatico esterno.

Al fine di aiutare il rispetto delle policy relative alla sicurezza informatica, si è provveduto alla creazione di vademecum costituiti da semplici punti che l'azienda può porre accanto alla consolle di comando di una postazione lavorativa, idealmente accanto alla tastiera o altro strumento di input. La consultazione di tale guida risulta essere sempre disponibile agli occhi dell'operatore ed entra quindi a far parte del suo normale flusso di lavoro.

Abstract

The process of computerization of information systems and the relevant information security meet a big resistance within public administrations, including Hospitals.

The lack of respect for rules generates disastrous effects like the compromising of patient medical records, the improper spread and the relevant privacy violations, and indeed produces inefficiencies that will burden healthcare balances.

The poor computer literacy is a well-known nationwide issue, even more worsened by the exponential growing rate of technology combined with the increasing average age of the healthcare personnel. The elderly personnel, typically, perceive the computer utilisation as boring, useless and annoying, as well as being inclined to ignore the hospital policies and procedures, because they consider their own personal way of working, acquired through experience, as superior.

This work aim to extend the healthcare personnel education regarding information technology and security, focusing on the daily working activities and the awareness of the power of new informatics tools as well as the relevant critical issues that may arise in case of misuse. The utmost importance has been put on the creation of a clear exposition, on the ease of comprehension avoiding unnecessary technicality whenever possible, bringing to light how common behaviours, often considered innocuous, become real threats against the whole Hospital IT Department Structure, in the same way as any external threat.

In order to help the compliance to the information security policies, we have drawn up a vademecum composed by ten simple steps that the hospital can put close to control console of a working station, ideally next to the keyboard or other input devices. The handbook, hence, may be easily consulted and, as it lays close to the personnel eyes, it becomes part of the ordinary workflow.

1 DATI, INFORMAZIONI E SISTEMI

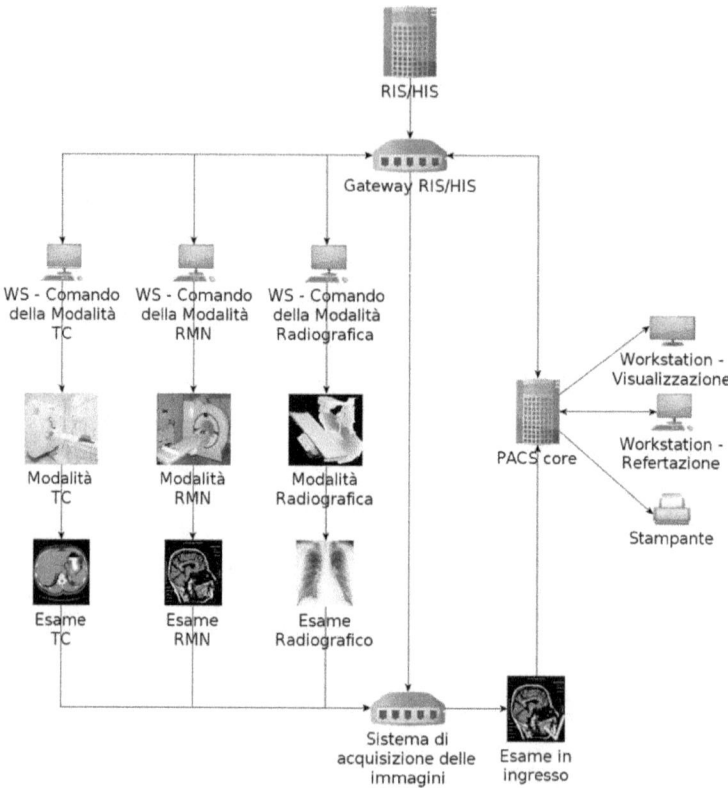

Figura 1. Modello RIS/PACS. L'esame che il paziente ha appena effettuato transita temporaneamente nel Sistema di acquisizione delle immagini, che verifica i dati del paziente con il RIS, prima di giungere al PACS dove risiederà permanentemente. Il PACS potrà inviare i dati dell'esame alle workstation di visualizzazione/refertazione nonché a dispositivi di output come la stampante. Le operazioni del PACS si concludono con la refertazione dell'esame e la trasmissione al RIS dello stesso referto. Il Sistema di acquisizione delle immagini è un dispositivo collettore indispensabile, considerando il numero delle modalità presenti in un reparto di radiologia, certamente più elevato delle tre rappresentate in figura.

1.1 Sistema informatico e conoscenza

La base portante di ogni organizzazione, indipendentemente dal proprio scopo, è quella relativa all'acquisizione dei dati inerenti la propria attività, l'assegnazione di significato agli stessi trasformandoli in informazioni, l'archiviazione e la distribuzione delle stesse secondo alcuni criteri convenienti. Ad esempio, non solo è inutile che tutto il personale di tale organizzazione possa accedere alla lista delle schede personali dei dipendenti ma può essere controproducente in quanto ne potrebbe abusare. E cosa accadrebbe poi se un estraneo ne venisse in possesso? La restrizione dell'accesso alle informazioni è sempre stato uno dei capisaldi della sicurezza del sistema informativo aziendale già quando questi era totalmente in formato cartaceo ma lo è ancor di più oggi che una parte sempre più rilevante viene informatizzata, generando il **sistema informatico**.

Il cuore di ogni sistema informatico è la propria **base di dati** (*database*) che, nell'accezione più grande, garantisce la disponibilità dei dati anche a seguito di gravi danni indipendentemente dalla natura degli stessi nonché l'accesso ristretto al solo personale autorizzato[1].

La natura dei due tipi di dato che interessano un reparto di radiologia, *testi* ed *immagini*, è molto differente tra di loro tanto da richiedere

---

[1]Questa frase riassume egregiamente il problema che cercheremo di affrontare: disponibilità dei dati, nella loro forma originale e senza modificazioni, esclusivamente al personale autorizzato.

l'implementazione di altrettante basi di dati, il *RIS* (Radiologic Information System o Sistema Informatico Radiologico) ed il *PACS* (Picture Archiving and Communication System o Sistema di Archiviazione e Trasmissione delle Immagini)[2].

1.1.1 Dal dato all'informazione

Nel linguaggio comune i termini dato ed informazione vengono usati come sinonimi ma è bene capire l'enorme differenza che esiste tra gli stessi: le informazioni sono dei dati *speciali*, dei dati che hanno qualcosa in più rispetto ad altri dati che non possono essere informazione.

Cosa significa essere informazione?

Consideriamo un dato, un numero, 1984 e consideriamo il termine dato come participio passato del verbo dare. Immaginiamo di ricevere una telefonata dall'ufficio, il nostro interlocutore ci comunica (ci dà) questo numero e chiude il telefono. A parte lo stupore, cos'è cambiato nella nostra giornata lavorativa? Abbiamo ricevuto un numero e non abbiamo idea di cosa esso indichi. Facciamo un passo avanti e tiriamo ad indovinare:

- È un numero. Per esempio è uno stipendio, 1984€. Su di esso è possibile eseguire operazioni matematiche come addizionare degli straordinari o sottrarre la rata del mutuo.

---

[2] Abbiamo introdotto parecchi termini con i quali il lettore potrebbe avere poca familiarità ma che chiariremo nel corso della trattazione.

- È una data di nascita. Si tratta dell'anno 1984, non ha molto senso effettuare operazioni matematiche, anzi, bisogna assicurarsi che si preservi così com'è.

È il titolo del noto libro di George Orwell, quindi si tratta di un dato testuale, non di un numero, come un qualunque titolo di un qualunque libro.

Cercando di capire (di conoscere) cos'è 1984 abbiamo sempre aggiunto qualcosa al dato: 1984€, 1984 anni, "1984"[3]. Un dato, infatti, costituisce informazione solo se è in grado di modificare la conoscenza di chi lo riceve.

Il nostro interlocutore, quindi, avrebbe dovuto fornirci anche della chiave di lettura per interpretare il dato ovvero per consentirci di apprendere le informazioni che il dato rappresenta. Per essere ancora più chiari, il dato non è altro che una sequenza binaria contenuta in un supporto di memorizzazione all'interno di un computer.

Le informazioni sono quindi soltanto rappresentate dai dati e per essere carpite devono essere lette correttamente o per usare una metafora, affinché i dati forniscano informazioni devono essere interpretati dal programma corretto.

Dalla conoscenza alla saggezza

La piramide che porta dall'informazione alla saggezza (Figura 6) è un concetto molto noto nell'ambiente dell'informatica e originariamente si fermava alla conoscenza.

---

[3]In informatica, i doppi apici "" indicano una *stringa*, ovvero un testo.

Raccogliere ed analizzare i dati è un'attività molto dispendiosa che richiede un grande sforzo di risorse umane, temporali e di denaro eppure non vi è mai stato dubbio sull'utilità della stessa fin dalla costituzione dei grandi archivi cartacei pieni di pesanti faldoni perché la conoscenza è potere[4].

Gli scopi legati alla necessità di aumentare la propria conoscenza della realtà che prendiamo in esame[5] sono almeno due:

1. Lo stato attuale in cui si trova la realtà in esame. Considerando la nuova piramide possiamo affermare che si tratta della conoscenza della situazione in cui verte, per esempio, il nostro reparto di radiologia. Informazioni come il numero di esami effettuati, il numero di reazioni avverse al mezzo di contrasto ma anche il numero di dipendenti e le relative buste paga.
2. Decisioni per modificare lo stato attuale. Avendo una situazione chiara fornita al punto precedente, è possibile prendere decisioni consapevoli (sagge) per migliorare lo stato del reparto.

Le informazioni inerenti il primo punto vengono chiamate informazioni di servizio mentre quelle al secondo, informazioni di governo. Questa suddivisione risulta spesso essere puramente accademica e si preferisce parlare di informazioni strategiche, indicando

---

[4]Questa massima è stata proposta con molte varianti da altrettanti intellettuali durante i secoli. In questa forma viene attribuita al britannico Sir Francis Bacon (1561-1626).
[5]In altre parole, di aumentare le informazioni al riguardo, perché, sarà ormai chiaro, sono le informazioni che generano conoscenza.

quelle informazioni particolarmente importanti e che spesso generano un cambiamento significativo all'interno del reparto, ad esempio l'acquisto di un modello avanzato di TC.

Con l'aggiunta della saggezza alla piramide, si vuole sottolineare il fatto che non basta conoscere la propria realtà ma è necessario applicare la conoscenza. Così come non tutti i dati diventano informazione, non tutti i problemi che conosciamo saranno risolti, per esempio in un periodo di crisi come quello attuale, per mancanza di fondi.

1.1.2 Il cuore del sistema

Una base di dati non è altro che un **contenitore** di dati i quali possono cambiare, aumentare o diminuire ma che mantengono sempre la stessa **struttura** e soddisfano alcuni vincoli[6].

In realtà abbiamo già accennato alla *struttura dei dati*, quando abbiamo parlato di dati e informazioni. Dare una struttura ai dati significa proprio dare loro un'organizzazione che renda possibile una loro corretta interpretazione <u>indipendentemente dalla loro quantità</u>. Uno dei metodi più semplici e comuni è quello di strutturare i dati in *tabelle*.

Prendiamo l'insieme di dati: 3, "Giorgio Bianchi", 2, 1, "Marco Verdi", "Mario Rossi". Visti così sono

---

[6]Ci riferiamo ai *vincoli d'integrità* La trattazione estensiva dei database esula da questo testo, si pensi ai vincoli d'integrità come ad un controllo che verifica sempre che, ad esempio, nella casella adibita a contenere l'anno di nascita del paziente non via sia invece il codice fiscale.

semplicemente dati ma non ci danno alcuna informazione.

ID	Paziente
1	Mario Rossi
2	Giorgio Bianchi
3	Marco Verdi

Tabella 1. Esempio di struttura per i dati sopra elencati.

È chiaro come la struttura dei dati sia un modo per dare senso ai dati e renderli informazioni. Nell'esempio specifica che 1 è l'ID, l'*identificatore*[7], di Mario Rossi che a sua volta è un paziente.

Risulta evidente, infine, come la **Tabella 1** possa essere usata per associare ID e Paziente per qualunque numero di pazienti, il che non è un risultato banale.

Una delle pratiche più comuni è proprio quella di associare un identificativo numerico ad ogni paziente. In questo modo è subito possibile preservare la privacy dello stesso in quanto solo pochi collaboratori avranno accesso alla tabella che relaziona il codice al nome del paziente mentre il restante personale lavorerà con un identificativo numerico.

---

[7]Un identificatore è un codice univoco che, per l'appunto, identifica uno ed un solo paziente.

Affermare che RIS e PACS siano due *semplici* database che gestiscono dati di differente natura sarebbe riduttivo però non vi è dubbio che il cuore di entrambi i sistemi sia basato sulle relative basi di dati.

Vale la pena chiarire che quando parliamo di database ci riferiamo all'insieme di dati strutturati mentre il programma che li gestisce[8] è chiamato **DBMS** (Data Base Management System o Sistema di Gestione di Basi di Dati).

La potenza di tali software non è solo relativa all'efficienza della gestione di grandi quantità di dati ma è anche il primo livello di sicurezza degli stessi dati, dall'accesso e alla trasmissione, dall'integrità alla concorrenzialità[9].

1.2 Informazioni testuali e RIS

Le procedure a carico del RIS accompagnano il paziente già dalla prenotazione dell'esame e terminano con la consegna del referto.

Sebbene il paziente non abbia un rapporto diretto con questo sistema, perché vi si **interfaccia** tramite vari operatori (centralinista, tecnico di radiologia e medico radiologo), esso è costantemente presente in ogni passo necessario al completamento dell'esame.

Interfaccia è un termine molto usato in ambiente informatico e viene usato in svariati contesti. Il suo

---

[8]La gestione di una base di dati comprende, nella sua accezione più stretta, la creazione delle tabelle, la modifica/accesso e la definizione dei vincoli di integrità.

[9]Per concorrenzialità si intende la possibilità di accesso agli stessi dati da parte di utenti diversi, compresa la loro modifica assicurando sempre l'integrità dei dati.

significato è sempre sinonimo di intermediario, per esempio un traduttore è una buona interfaccia tra due persone che parlano due lingue diverse mentre il traduttore, l'interfaccia, le conosce entrambe. Il centralinista è l'interfaccia tra il RIS e il paziente perché può al contempo comunicare con il paziente (linguaggio umano) e con il RIS (icone, menù ecc.). Da notare che il centralinista è a sua volta interfacciato con il RIS proprio tramite queste icone, menù, ecc., che formano l'interfaccia grafica dell'utente[10].

1.2.1 Natura delle informazioni testuali

Abbiamo affermato che le informazioni testuali sono *leggere*. Cosa significa? Significa che vi è una relazione semplice tra una lettera dell'alfabeto e l'insieme di 0 ed 1 che il computer le associa.

Quello che per l'uomo è la lettera *A* per il computer corrisponde al numero che in binario è rappresentato dalla sequenza 01000001 ed in decimale dalla sequenza 65.

La relazione è piuttosto semplice in quanto lega ad ogni lettera dell'alfabeto un ottetto di cifre binarie[11] il che significa che la gestione di file testuali, anche grandi, è contemporaneamente vicino sia alla logica dell'uomo sia a quella del computer.

La relazione tra due alfabeti diversi è chiamata **codifica** e quella usata nell'esempio, che lega una lettera

---

[10]La cosiddetta GUI, Graphic User Interface.
[11]È comunemente usato il termine bit (**binary digit**).

dell'alfabeto ad 8 bit[12], è la *codifica ASCII*[13].

Un esempio familiare al lettore potrebbe essere il *codice genetico*, che con 4 simboli (le basi azotate) raggruppati in terzetti riesce a codificare 22 amminoacidi e alcuni segnali di STOP.

La codifica non è solo importante nel contesto uomo-macchina ma anche in quello uomo-uomo, perché permettere di occultare le informazioni a chiunque non conosca il codice, il quale si ritroverà con una serie di dati incomprensibili. Una codifica che ha come scopo quello di rendere più difficile la comprensione delle informazioni è detta *crittografia*.

1.2.2 Radiologic Information System

Le procedure a carico del RIS vengono svolte mediante software e piccoli sistemi spesso eterogenei ma che riescono ad operare in perfetta armonia dando l'impressione di avere a che fare con un unico grande sistema radiologico. La *fluidità* della comunicazione è resa possibile grazie ad un sistema standardizzato di *messaggi* nonché alla comune natura testuale delle informazioni all'interno del RIS, a differenza dell'eterogeneità RIS/PACS che genererà diversi

---

[12] 8 bit formano un byte, i cui multipli (megabyte, gigabyte, ecc.) sono le unità di misura che normalmente utilizziamo per le dimensioni di file e per i supporti di archiviazione e memorie.

[13] American Standard Code Information Interchange, la cui implementazione originale prevedeva l'uso di 7 bit. È stato lo standard indiscusso per decenni, sebbene ancora molto diffuso, si sta attuando una migrazione verso lo standard UNICODE a 16 e a 32 bit, che permette l'utilizzo di caratteri speciali di altre lingue.

grattacapi. Passiamo in rassegna alcune delle procedure più importanti.

- **Prenotazione degli esami.** La gestione della prenotazione degli esami è una funzione essenziale per raggiungere il pieno potenziale di servizio di un qualunque reparto. Consideriamo innanzitutto che non tutti gli esami sono uguali, alcuni necessitano di personale aggiuntivo, per esempio l'anestesista per particolari indagini, o di preparazioni che possono iniziare anche qualche giorno prima dell'esame, vedi clisma del colon. In un reparto di radiologia, per entrare ancora più nello specifico, l'utilizzo dello stesso mezzo di contrasto, possibile per esami simili, diminuisce sensibilmente i tempi necessari al completamento di un esame[14] nonché i relativi costi[15]. Non solo quindi poter dire al paziente in tempo reale quando può venire a fare l'esame ma anche pesante ottimizzazione temporale ed economica. Per essere ancora più specifici, urgenze a parte, una lista di pazienti con patologie eterogenee, supponiamo per scansioni TC in un ordine oncologico-pediatrico-angiografico è uno spreco di risorse immane e facilmente evitabile con una corretta prenotazione

---

[14]Alla sostituzione del mezzo di contrasto segue la necessità di cambiare diversi materiali consumabili nel sistema di iniezione automatico, normalmente chiamato *pompa,* che nella versione moderna presenta una doppia testata, quindi doppi costi addizionali.
[15]Bisogna tenere presente che ogni volta che si usa un mezzo di contrasto differente la boccetta precedente, per le ovvie norme igieniche, deve essere buttata e che ogni confezione può costare fino a 200€.

degli stessi[16]. I vantaggi di una corretta procedura di prenotazione degli esami sono indiscutibili e riguardano tre aree critiche di un'azienda ospedaliera: ottimizzazione del carico di lavoro, riduzione degli sprechi e offrire un migliore servizio al paziente, eppure è facile trovare, anche nei servizi dotati di RIS/PACS, registri di prenotazione cartacei.

- **Accettazione.** Con accettazione intendiamo la procedura tramite la quale il paziente, che si trova fisicamente all'interno della struttura sanitaria, si registra per effettuare l'esame prescritto. Qualora il paziente abbia già effettuato altri esami, saranno disponibili i dati demografici ed un numero variabile di dati clinici, spesso il solo elenco degli esami precedentemente eseguiti, senza referto, d'altronde chi accetta il paziente spesso non è un sanitario. Questa procedura vede ancora un pesante utilizzo di carta, spesso il tecnico vede nella propria worklist gli esami da svolgere e contemporaneamente ha una serie di richieste cartacee che contengono indicazioni aggiuntive per lo svolgimento dell'esame[17]. L'archivio dei pazienti così creato spesso si riduce ad informazioni che legano il nome del paziente, la data di esecuzione dell'esame e il nome dell'indagine.

- **Referti.** Ribadiamo ancora una volta che il personale addetto dell'accettazione dei pazienti non dovrebbe

---

[16]Per questo motivo spesso i reparti si organizzano secondo un calendario *a giornata*, la giornata dei pediatrici, la giornata delle angiografie, ecc.

[17]Esaminare uno stesso distretto corporeo con la stessa metodica può richiedere tecniche diverse in dipendenza della richiesta. Il protocollo TC per l'encefalo cambia molto se vogliamo studiare il cranio (*protocollo per trauma*) o propriamente l'encefalo (*protocollo per parenchima*).

poter accedere ai referti o a qualunque altro dato non strettamente necessario per lo svolgimento della propria attività lavorativa. Quanto sopra non esclude che i referti dovrebbero essere appannaggio del RIS, senza la cui gestione non si sfrutta appieno le potenzialità fornite dal sistema. Ricordiamo, inoltre, che il RIS non gode di particolare fiducia nella propria affidabilità e viene percepito come poco affidabile tanto che i referti spesso vengono gestiti da un ulteriore sistema informatico dedicato, spesso molto semplice, che collega ogni workstation di refertazione con un ufficio referti. Anche qui l'informatizzazione è *sperimentale* infatti tutti i referti vengono sempre stampati, *perché i computer possono non funzionare*. È difficile dire se l'inaffidabilità dei computer costringa a lavorare pesantemente su carta o sia l'avere un sistema tradizionale, comunque collaudato dal tempo, a rendere inaffidabile e poco sviluppato il sistema informatico. Dal punto di vista del paziente, il referto è indubbiamente il prodotto finale dell'indagine diagnostica, il quale rappresenta il documento che attesta l'eventuale patologia o lo stato di salute dello stesso paziente; le immagini assumono maggior valore, invece, per i colleghi degli altri reparti, soprattutto quando all'indagine diagnostica dovrà seguire un trattamento medico-chirurgico[18].

- **Statistiche.** Un RIS pienamente funzionante e ben implementato contiene una grande quantità di dati che possono essere utilizzati per rendersi conto dello stato di funzionamento del reparto. Una delle funzionalità più gradite di un DBMS, il software che gestisce il database, è quello di selezionare una

---

[18]L'ortopedico, il chirurgo ecc. vorranno vedere le immagini con i loro occhi per poter meglio eseguire l'eventuale operazione.

quantità più gestibile[19] di dati secondo determinati criteri che l'utente può selezionare. Non importa se il nostro reparto esegue 5.000 o 400.000 esami l'anno, sarà ugualmente semplice capire, ad esempio, l'età media del paziente, il sesso, ecc. Questo esempio è volutamente semplice ma si potrà interrogare[20] il sistema con altrettanta semplicità circa questioni più complesse come quanti e quali sono i pazienti che questo mese sono stati sottoposti ad un uro-TC e al contempo erano stati sottoposti all'esame diretta reni negli ultimi 5 anni. Lo strumento è davvero potente, si possono creare report ed effettuare ricerche incrociate su qualunque insieme di dati gestiti dal RIS: questo è uno dei motivi[21] per il quale si è così tanto sottolineata *la follia* del possedere un RIS e non sfruttarne appieno le grandi potenzialità che esso potrebbe offrire non solo per i manager dell'azienda ospedaliera ma anche i lavoratori i quali potrebbero interrogare il sistema circa l'esecuzione dei propri esami, la percentuale di esiti positivi/negativi usando una tecnica specifica, confrontare i propri risultati con quelli dei propri colleghi[22], ecc.

---

[19]Intendiamo più gestibile per l'essere umano, il quale elabora meglio un sottoinsieme di dati.
[20]Interrogare un database significa proprio estrarre un sottoinsieme dei dati. Lo strumento con il quale si esegue l'interrogazione è la query,. Si consulti un qualunque testo di SQL, il linguaggio dei database.
[21]L'altro riguarda la sicurezza informatica, non meno importante sia dal punto di vista etico sia dal punto di vista legale.
[22]Il tutto è facilmente possibile in forma anonima, sia per il paziente sia per il lavoratore.

Produzione automatizzata dei referti

Un altro argomento nato con l'informatizzazione dei reparti riguarda la generazione assistita o addirittura automatizzata dei referti. I tempi di refertazione possono essere talora molto lunghi e non è sempre facile per il medico radiologo stabilire la natura di uno *scomodo* insieme di pixel.

A dire il vero il problema di tipo interpretativo delle immagini è, sebbene ancora presente, stato fortemente ridimensionato dai sempre più sofisticati software di ricostruzione e post-processing mentre poco si è fatto per quanto riguarda l'effettiva trascrizione del referto.

Il primo approccio, perlopiù abbandonato, faceva uso di sistemi interattivi che aumentavano la complessità della generazione del referto, costringendo il radiologo a scendere ad un livello di interazione più vicino alla macchina[23].

Una strategia migliore è quella basata su software che consentono l'utilizzo di frasi e modelli di referto precompilati, che vanno completati con i dati del paziente in esame, in particolare per le patologie che si presentano spesso in una determinata forma e che in qualche modo possono essere standardizzate.

Un altro coadiuvante l'attività di refertazione è l'utilizzo di software per il riconoscimento vocale, i quali sono praticamente nati con l'informatica[24] ma non si

---

[23]Abbiamo già accennato al cosiddetto *alto/basso livello*, non ha senso far scendere ad un livello più basso il lavoratore che, alla fine, deve semplicemente scrivere del testo.

[24]L'uso dei comandi vocali è sempre stato un pallino dell'informatica infatti il primo dispositivo, in grado di riconosce una singola cifra, è addirittura risalente al 1952. Davies , K.H., Biddulph, R. and

sono mai diffusi in nessun campo in quanto continuano a perdere la sfida dell'ergonomia con l'accoppiata mouse/tastiera. Tra i vari problemi legati a questi software, comuni non solo al campo medico, citiamo il riconoscimento di un numero limitato di vocaboli, l'impossibilità di parlare naturalmente ma di dover scandire le parole, successive calibrazioni necessarie sulla voce dell'utilizzatore che potrebbe variare anche per un semplice raffreddore, ecc.

I progressi fatti per quanto riguarda il riconoscimento vocale lasciano ben sperare per il prossimo futuro mentre in un futuro più indeterminato a destare interesse sono le svariate sfaccettature dell'Intelligenza Artificiale capace di coadiuvare o risolvere autonomamente i problemi relativi ad uno specifico campo di applicazione[25].

Hospital Information System

Esiste la possibilità che l'azienda ospedaliera sia dotata di un sistema informatico che abbraccia tutti i reparti, l'*Hospital Information System*.

Questo sistema informatico accompagna o dovrebbe accompagnare il paziente indipendentemente dal reparto di destinazione; in altre parole un sistema informatico unico per la radiologia, cardiologia, urologia, ecc.

Se ben implementato un sistema del genere risultata un passo fondamentale verso la completa digitalizzazione degli ospedali, che passa per la creazione

---

Balashek, S. (1952) *Automatic Speech Recognition of Spoken Digits*, J. Acoust. Soc. Am. 24(6) pp.637 - 642
[25] Ci riferiamo all'Intelligenza Artificiale "debole".

di una **cartella clinica informatica**, e che permetterebbe interrogazioni ancora più potenti rispetto al RIS. Riutilizzando l'esempio precedente, potremmo chiedere quanti sono i pazienti del reparto di urologia sopra una certa età che hanno fatto un uro-TC negli ultimi anni e nello stesso periodo sono stati ricoverati nel reparto di cardiochirurgia.

Nella realtà, l'HIS, quando implementato, risulta un ulteriore problema qualora debba comunicare con il RIS. Innanzitutto l'HIS ed il RIS sono ridondanti, idealmente dovrebbe esistere soltanto l'HIS[26] ma, ancora una volta, nella realtà ci troviamo con un HIS che può essere implementato nelle forme più fantasiose e che rappresenta una porta d'accesso sulla quale non abbiamo controllo verso il nostro sistema RIS/PACS. Durante la nostra discussione considereremo come esterna[27] qualunque rete o sistema sul quale non abbiamo il pieno controllo, anche se si dovesse trattare di un reparto della stessa azienda ospedaliera.

Vale la pena ricordare, infine, che l'HIS è spesso connesso alle attività di finanziamento dell'azienda ospedaliera, oltre ai dati sensibili di tipo amministrativo, per esempio gestisce le SDO[28], tramite le quali viene calcolato il contributo pubblico annualmente ricevuto.

---

[26]Localmente, per ogni reparto, troveremmo comunque dei piccoli sistemi locali facenti capo all'HIS e nel caso del reparto di Radiologia, si potrebbe ancora chiamare RIS ma si tratterebbe di qualcosa di molto diverso rispetto al concetto di RIS che si trova comunemente nelle aziende ospedaliere e che è presentato in queste pagine.
[27]In altre parole, inaffidabile e pericolosa per la sicurezza dei nostri dati.
[28]Scheda di Dimissione Ospedaliera.

1.2.3 Workflow dell'indagine radiologica

Il RIS, a dispetto della propria reputazione, è fondamentale per un reparto digitalizzato tanto da supervisionare ogni singolo passaggio richiesto per la produzione delle immagini, indipendentemente dalla modalità, come illustrato nel Diagramma 1.

Il diagramma si concentra innanzitutto sull'esperienza del Paziente e sui passi che esso dovrà compiere per effettuare l'indagine radiologica. A questo livello non importa come effettivamente avviene la procedura racchiusa in un ovale, detti **casi d'uso**, invece si vuole sottolineare che tale procedura è uno dei passi che il paziente dovrà compiere per effettuare l'indagine. Questa, rappresentata dall'ovale più grande, invoca i passi necessari al proprio completamento ovvero l'accettazione del paziente, l'anamnesi, l'esecuzione materiale dell'indagine ed il ritiro referto nonché indica un prerequisito essenziale, un passo da compiere precedentemente, prima che il paziente metta piede in ospedale: la prenotazione dell'indagine.

1.3 Immagini e PACS

Il passaggio dalla macchina da scrivere al computer è stato talmente naturale che non ha incontrato alcuna resistenza. In effetti un elaboratore con un programma di videoscrittura è una macchina da scrivere e potrebbe costituirne la diretta evoluzione.

Più problematico è stato il passaggio dalle pellicole[29] alle immagini digitali, il cosiddetto *imaging digitale*,

---

[29]Tutt'oggi chiamate *lastre,* anche se spesso vengono fornite su supporto magnetico.

ancora in corso e spesso presente sotto forma di radiologia digitale indiretta[30].

Dunque "perché digitale?" è stata la domanda che ci si è posti sin dagli anni '90. Chiunque abbia usato una fotocamera digitale può rispondere a questa domanda. Senza considerare i costi delle pellicole, circa 20-25€ cadauna, il solo *post-processing* che è possibile effettuare sull'immagine vale già la candela. Nelle foto delle nostre vacanze possiamo eliminare gli occhi rossi, aumentare la luminosità dell'immagine, applicare una varietà di effetti che possono migliorare l'immagine nella sua interezza o risaltare un particolare; il post-processing sulle immagini radiologiche non è molto diverso.

1.3.1 Natura delle immagini digitali

In ultima analisi, un file di testo, un'immagine ed un filmato non sono differenti per l'elaboratore perché sono sempre rappresentanti sa sequenze di 0 e 1. Il cervello umano, invece, elabora e memorizza le due informazioni in maniera indipendente, basti pensare a quante volte abbiamo dimenticato il nome di un nuovo conoscente ma mai la sua faccia[31].

---

[30]Ci riferiamo all'uso delle cassette a tenuta di luce, che devono essere convertite in immagini digitali da un apposito lettore in contrasto alla radiologia digitale diretta che genera l'immagine digitale immediatamente dopo l'esposizione.

[31]Questo comportamento è probabilmente legato ai meccanismi di sopravvivenza dell'uomo, un veloce colpo d'occhio all'ambiente deve indicare un'eventuale situazione di pericolo nonché bisogna subito riconosce chi ci è ostile e potrebbe rappresentare una minaccia.

Le immagini, quindi, sono formate da catene di bit anche se è diffusa l'idea secondo la quale esse sono organizzate in tabelle (o meglio *matrici*) formate da righe e colonne e le cui celle sono i *pixel*, l'elemento fondamentale di ogni immagine digitale.

Pensare in questi termini è sicuramente un modo per avvicinarsi alla logica dell'elaboratore ma è ancora molto distante dalla stessa perché il computer elabora catene di 0 e 1. Tali catene nel caso di un'immagine saranno molto più lunghe di un file testuale e la pesantezza dell'elaborazione delle immagini riguarda proprio la mole di dati che non è paragonabile già rispetto ad una singola immagine. Se consideriamo che un esame TC può produrre diverse centinaia di immagini, ci appare subito evidente perché testo ed immagini sono gestiti separatamente e con tecniche diverse.

Pixel e bit

L'elaboratore, in ultima istanza, riduce qualunque dato in numeri binari e considerando 0 (acceso) ed 1 (spento) possiamo dedurre che per un'immagine in bianco e nero (senza grigi) per codificare il colore si potrebbe usare un singolo bit. Nelle immagini in uso in un reparto di radiologia vengono impiegati 10-12 bit che consentono 1024 – 4096 diverse tonalità di grigio anche se si sta effettuando la migrazione verso i 16 bit ovvero una scala che distingue 65.536 varietà di grigio.

Il numero di bit usato per il colore va moltiplicato per i bit necessari a visualizzare (leggi *codificare*) il numero di pixel che compongono la matrice. Nell'ambito radiologico la matrice standard è di 512x512 pixel, vi sono già presenti macchine che arrivano a 1024x1024 ed in alcuni casi anche a 2048x2048.

Al solo scopo di avere un'idea dell'ordine di grandezza dei bit in gioco, assumiamo di usare 10 bit per il colore e altri 10 bit per identificare ogni pixel sulla matrice, quindi $Totale = 512x512x10x10 = 26.214.400 bit$,

che corrispondo a **25 megabyte**, la dimensione tipica di una singola immagine digitale di un reparto di radiologia, equivalente 25 milioni di lettere, poco più di 15.500 pagine di un libro contenente 40 lettere per rigo e 40 righi per pagina.

Il post-processing

Quando parliamo di post-processing ci riferiamo ad una o più elaborazioni effettuate sull'immagine e in definitiva ai singoli pixel[32]. Tali elaborazioni hanno lo scopo di migliorare la qualità dell'immagine, di far osservare la stessa struttura con tonalità differenti ed addirittura può essere il computer stesso a farci notare un possibile punto di interesse in un'immagine, tramite i *software CAD*[33].

Partendo da una scansione TC possiamo ricostruire un modello tridimensionale del distretto corporeo in esame e addirittura navigarci come se ci trovassimo all'interno dell'organo. È il caso della sempre più apprezzata *colonscopia virtuale*.

---

[32]Questo non significa che i pixel vengono trattati individualmente, anzi spesso le elaborazioni più moderne tengono conto dei pixel vicini a quello di riferimento, generando immagini migliori a costo di un maggiore tempo di elaborazione.
[33] Computer Aided Diagnosis, Diagnosi Assistita dall'Elaboratore.

Il rovescio della medaglia è la grande potenza elaborativa necessaria che, quando insufficiente, può allungare a dismisura i tempi di elaborazione nonché l'altrettanto enorme mole di dati che vanno memorizzati secondo i tempi di legge e scambiati tra i le workstation[34] che ne necessitano.

Consideriamo sempre un esame TC, alla fine dell'esame sulla workstation connessa alla macchina sono presenti i cosiddetti **dati grezzi**, una grandissima mole di dati che rappresenta i coefficienti di attenuazione delle varie *fette* acquisite durante la scansione. Su tali dati è possibile effettuare un grande numero di elaborazioni che offrono la migliore qualità possibile ma solo i risultati delle elaborazioni vengono conservati per via dell'enorme mole di dati. Questo implica che le elaborazioni importanti come le *ricostruzioni*[35] devono essere fatte in questo momento o non potranno essere più effettuate, rendendo l'esame inutile e quindi illegale[36].

È questa una prima strategia di *gestione* delle pesantezza delle immagini che comunque verranno memorizzate alla massima qualità per i primi 3 anni e

---

[34]Workstation è un termine che indica un computer con cui si lavora, spesso non è molto più potente di un normale computer desktop ma è soggetto a certe restrizioni per non compromettere i dati dell'intero reparto.

[35]Sebbene le immagini vengano memorizzate con oltre 2000 livelli di grigio l'occhio umano ne può distingue solo qualche decina per volta. Si fanno quindi diverse *ricostruzioni*, cioè diversi set di immagini che mirano a strutture rappresentate con diverse tonalità.

[36]Gli esami che usano radiazioni ionizzanti devono essere giustificati ed offrire un beneficio diagnostico più grande rispetto alla natura dannosa delle radiazioni stesse.

con una buona qualità fino al 10° anno dalla data di esecuzione dell'esame.

Per qualità massima intendiamo che non saranno applicati algoritmi di compressione con perdita di pixel mentre dal 3° anno si applicheranno questi algoritmi che comunque assicurano al contempo una buona qualità diagnostica e un grande risparmio di spazio di memorizzazione.

Per completezza, sottolineano che i referti, che fanno parte della cartella clinica, verranno conservati a vita.

1.3.2 Picture Archiving and Communication System

Il **PACS (Picture Archiving and Communication System)** è sicuramente il sistema informatico più conosciuto in un reparto di radiologia. Tecnici di radiologia e medici radiologi, infatti, interagiscono con questo sistema per la produzione delle immagini e per la loro refertazione, rispettivamente.

PACS-core

Nelle nostre discussioni lavorative, quando parliamo del PACS generalmente ci riferiamo proprio al **PACS core**[37], la componente del PACS che riceve le immagini prodotte dalla varie modalità tramite il sistema di acquisizione delle immagini, di cui abbiamo parlato nel paragrafo precedente.

Il PACS nella sua interezza è una rete, questo è facile da comprendere quando guardando la Figura 7 notiamo dati in ingresso dalle modalità ed in uscita verso le workstation.

---

[37] Con PACS core si intende l'elemento centrale, il cuore del sistema.

Dobbiamo fare un passo in avanti e comprendere che la componente centrale del PACS di cui ci occupiamo in questo paragrafo è essa stessa una *sottorete* del PACS.

Abbiamo già introdotto i motivi per i quali è necessaria una politica di sicurezza dei dati e del mantenimento della loro integrità. Queste funzioni essenziali del PACS[38] core vengono svolte da due sottosistemi[39]:

1. Il **server** del PACS. Attua le politiche di ricezione e invio delle immagini, assicurandosi non solo dell'invio corretto dei dati ma anche della validità e autorizzazione del mittente/destinatario.
2. L'**archivio** del PACS. Attua le politiche di **memorizzazione**, assicuratosi che le immagini in ingresso siano in un formato corretto e compatibile, memorizza (storing) i dati e si fa carico di mantenerne l'integrità.

In Figura 7 mostriamo il PACS core ad un livello leggermente più profondo, man mano che ci addentreremo nei particolari utilizzeremo figure ancora più dettagliate generate a partire da quelle già mostrate. Questo raffinamento, oltre ad essere molto utile per trattare l'argomento in questione, è il metodo realmente

---

[38]Nel corso della nostra discussione parleremo spesso di PACS ma tutte le politiche per la sicurezza dei dati e della loro trasmissione sono analoghe per il RIS/HIS o per qualunque altro sistema simile, connesso o meno all'area radiologica.

[39]Parliamo sempre dal punto di vista concettuale, quello che abbiamo chiamato livello logico mentre al livello fisico probabilmente ci troveremo con una rete piuttosto complessa.

utilizzato dai professionisti del settore[40].

1.3.3 Anatomia del PACS

La suddivisione di cui sopra suggerisce al lettore profonde differenze con il sistema RIS nonché una maggiore complessità. Tale complessità non è strettamente legata alla grandezza del sistema PACS[41] quanto all'eterogeneità delle informazioni che deve gestire rispetto al sistema RIS. Quest'ultimo gestisce unicamente informazioni testuali e, per così dire, ignora le immagini mentre il PACS usa continuamente entrambi i tipi di dato, non solo come input per l'imaging ma esso stesso genera informazioni testuali a corredo delle immagini prodotte dalle varie modalità.

I tre elementi fondamentali che costituiscono il PACS, come da **Figura 1**, sono:
1. il sistema di acquisizione delle immagini;
2. il PACS core;
3. varie workstation connesse al PACS.

Sistema di acquisizione delle immagini

Il PACS non produce immagini ma, dopo averle acquisite dall'esterno, le gestisce.

In informatica *comunicare con l'esterno* è sempre qualcosa che necessità delle dovute precauzioni, perché

---

[40]La modellazione logica è ormai una fase accettata praticamente in tutti i settori nei quali un committente richiede la creazione di un sistema specializzato. Grazie alla modellazione sarà possibile giungere alla creazione del sistema che, nel nostro caso, l'azienda ospedaliera ha in mente e che può essere difficile da comunicare a chi non ha mai lavorato in corsia.

[41]Il sistema HIS di un ospedale serve certamente uno spazio molto più ampio.

una rete esterna rappresenta una possibile fonte di rischi non controllabili per i nostri dati e per l'intera infrastruttura.

In questo caso l'esterno è rappresentato dal RIS e dalle varie modalità[42], le quali non accedono direttamente al PACS ma passano attraverso un dispositivo che fa da anticamera, il Sistema di acquisizione delle immagini, necessario per almeno due ragioni:

1. **Interfaccia.** Le varie modalità, anche se dello stesso produttore del server PACS, produrranno un set di dati che dovrà essere *aggiustato* per essere pienamente compatibile con quest'ultimo. Si tratta di una problematica critica, specialmente se si pensa al numero così elevato di produttori, di tipologie di modalità e di generazioni delle stesse.
2. **Integrità.** Cosa accade se il paziente ha appena finito un esame con uso di radiazioni ionizzanti e/o mezzo di contrasto[43] e si verifica un malfunzionamento in un qualunque punto della nostra catena modalità-gateway-PACS o più semplicemente il PACS è sovraccaricato dai dati provenienti dalle altre modalità? Le modalità non sono dotate di grandi capacità di archiviazione e necessitano di scaricare i propri dati regolarmente e, grazie al sistema di acquisizione, potranno instradare tali dati ad un'unità di archiviazione temporanea in attesa che il PACS sia nuovamente disponibile

---

[42]Diagnostica tradizionale, TC, RMN, MN, ecc.
43Quindi un esame che il paziente non può semplicemente ripetere.

Worstation

Svolto l'esame, le immagini seguono un percorso prettamente informatico che non necessita dell'intervento del personale medico-sanitario. Quest'ultimo interagirà nuovamente con le immagini tramite workstation che sono essenzialmente di due tipi:

1. **Workstation di visualizzazione.** Si tratta di elaboratori con caratteristiche idonee alla visualizzazione dell'immagine, di solito usate per valutare la correttezza tecnica dell'esame, per cercare un esame o rivedere un esame qualora non sia di interesse l'aspetto valutativo dello stesso. Le azioni che possono essere intraprese sulle immagini possono essere assenti o molto limitate, tali workstation sono spesso dispositivi di output, ovvero preposti esclusivamente al ricevimento dei dati, al pari di una stampante[44].

2. **Workstation di refertazione.** La dotazione hardware superiore nonché la presenza di monitor ad alta risoluzione non è l'unica caratteristica di queste workstation, anzi, dal punto di vista della sicurezza informatica la caratteristica più importante è la comunicazione bidirezionale con il PACS. Trattandosi di stazioni posizionate spesso in disparte, per consentire al radiologo una serena refertazione, sono il punto ideale per un uso improprio dell'elaboratore. Anticipiamo che non stiamo parlando del raro caso di un hacker che viene a sottrarre personalmente i dati all'interno della nostra

---

[44]Questa constatazione è molto importante dal punto di vista della sicurezza, si tratta di elaboratori che non possono (o meglio che non dovrebbero) inviare dati al PACS ma limitarsi alla ricezione.

struttura ospedaliera ma del personale stesso che, anche inconsapevolmente, può compromettere la sicurezza della struttura.

Il problema legato ai dati provenienti dalle workstation è sicuramente accentuato dal trovarne qualcuna connessa alla rete internet, situazione spesso non prevista dall'implementatore del sistema. Facendo parte della stessa rete PACS, queste workstation non passano attraverso i controlli di un gateway quindi hanno un rapporto più intimo con il PACS core, il cuore del nostro sistema PACS e contenitore ultimo dei nostri dati.

La leggerezza con la quale il personale può apportare *modifiche* alla rete è un *attacco* molto difficile da evitare e contenere. La formazione e la conoscenza non solo del sistema col quale si interagisce per compiere il proprio lavoro ma anche di come esso lavora in rete è una tematica che riteniamo cruciale per la realizzazione di una infrastruttura di sicurezza ragionevolmente affidabile.

1.4 Standard e Protocolli

La differente natura tecnica dei due tipi di dato che un reparto di radiologia deve gestire, testi ed immagini, ha portato allo sviluppo di altrettanti sistemi, il RIS ed il PACS. Ognuno di questi sistemi si è evoluto separatamente dall'altro considerando le proprie esigenze specifiche, e, come normalmente avviene in presenza di diversi produttori, hanno generato due standard, *HL7* e *DICOM*.

Essi risultano, tuttavia, incompatibili tra di loro e, con una certa dose di ironia, un terzo standard, *IHE*, si prefigge lo scopo di rendere compatibili[45] i due standard precedenti.

Quanto sopra ha generato qualcosa di oltremodo complesso che oggi chiamiamo sistema RIS/PACS[46] invece che, ad esempio, Sistema Ospedaliero Informatizzato.

La difficoltosa integrazione tra i due sistemi risulta evidente osservando un tecnico di radiologia alla sua console di comando dotata di due monitor, uno per il RIS ed uno per il PACS. Se va bene dovrà trascinare i dati del paziente dal RIS al PACS, o effettuare una procedura che ha il sapore di copiare i dati da un sistema all'altro; non di rado dovrà digitare a mano gli stessi dati a partire da un foglio di carta! La presenza ancora massiccia della carta è sicuramente un indice importante e significativo, se avessimo fretta e volessimo valutare l'informatizzazione di un reparto, potremmo dare uno sguardo al quantitativo di carta che vi circola.

La piena integrazione tra i sistemi porterebbe l'utente, in questo caso il tecnico di radiologia alla console di comando, a poter lavorare direttamente sulla worklist quotidiana e avviare la procedura di acquisizione delle immagini, cioè il PACS, con un semplice click direttamente dalla worklist stessa invece di lavorare su due software separati.

---

[45] Per essere più precisi, di fornire delle procedure standardizzate che opererebbero come una sorta di interfaccia tra HL7 e DICOM.

[46] È un nome formato da due acronimi che sottolinea la mancanza di integrazione tra gli stessi.

Per quanto riguarda HL7 e DICOM, trattandosi di standard legati ai dati, esamineremo il formato con il quale strutturano le informazioni. IHE, invece, è uno standard indipendente dai dati e che si occupa di fornire delle procedure standardizzate su cui modellare la nostra infrastruttura informatica, tramite l'uso di profili e rendere più agevole la comunicazione HL7-DICOM.

1.4.1 Health Level 7

Con **HL7** indichiamo un pacchetto di standard promosso dall'omonima organizzazione[47] che mira a garantire l'**interoperabilità** tra i sistemi/applicazioni presenti all'interno di un'azienda ospedaliera.

Lo strumento principale ed il cuore di HL7 è il **messaggio** che permette alle applicazioni conformi allo standard, di scambiare i dati medico-sanitari. HL7 garantisce quindi l'interoperabilità definendo il formato del messaggio ed i meccanismi di scambio degli stessi.

Risulta evidente una certa assonanza *formato del messaggio-pacchetto* e *meccanismo di scambio-protocollo*. Se aggiungiamo il fatto che il mittente di un messaggio HL7 aspetta conferma di avvenuta ricezione dal destinatario, l'analogia con il protocollo TCP diventa banale[48].

Per non confondere il lettore chiariamo subito che HL7 è costruito sui protocolli TCP/IP, non li sostituisce e vi si pone ad un livello superiore. *Level Seven*, infatti, si riferisce allo standard OSI ed indica che HL7 opera ai

---

[47]Si tratta di un'organizzazione senza scopo di lucro fondata nel 1987 ed oggi accreditata sia presso l'ANSI (American National Standards Institute) sia l'ISO (International Organization for Standardization).
[48] Introdurremo i protocolli Internet nel prossimo capitolo.

livelli più alti dell'architettura di rete anche se non letteralmente al livello 7, di Applicazione[49].

Uno sguardo ad un messaggio HL7

HL7 è stato costantemente aggiornato dalla sua introduzione nel 1987 ad oggi ed ha prodotto due versioni differenti di formato del messaggio, la versione 2 (v.2) che sostituì la versione 1 nel 1989 e la versione 3 (v.3), introdotta a partire dal 2005.

Tutt'oggi la versione 2 è ancora la più utilizzata nel mondo e, nonostante le evidenti migliorie apportate dall'ultima versione, non bisogna stupirsi di ciò, considerando l'incompatibilità tra i formati ed i conseguenti costi relativi ad un aggiornamento.

Un messaggio HL7 v.2 è formato da *segmenti*, i quali a loro volta sono formati da **campi**, ovvero le posizioni dove ci aspettiamo di trovare le informazioni. Una suddivisione di questo tipo non è nuova nel campo dell'informatica ed è tipica degli *archivi*, ovvero file di testo strutturati in campo, per l'appunto, al fine di migliorare soprattutto la velocità di lettura delle informazioni. Vediamo un esempio.

MSH|^~\&|DDTEKLAB|ELAB-1|DDTEK OE|BLDG14|200502150930||ORU^R01^ORU_R0 1|CTRL-9876|P|2.4 PID|||010-11- 1111||Estherhaus^Eva^E^^^^L|Smith|1972

---

[49]Ancora una volta l'architettura OSI viene considerata come un modello teorico cui ispirarsi e non un progetto da implementare fedelmente. Possiamo pensare ad HL7 come operante a livello di Applicazione, se ci riferiamo all'architettura di esempio presentata nel capitolo precedente.

```
0520|F|||256 Sherwood Forest
Dr.^^Baton Rouge^LA^70809||(225)334-
5232|(225)752-1213||||AC010111111||76-
B4335^LA^20070520OBR|1|948642^DDTEKOE|
917363^DDTEKLAB|1554-^GLUCOSE|||
200502150730|||||||||020-22-
2222^Levin-Epstein^Anna^^^^MD^^Micro-
Managed Health
Associates|||||||||F|||||||030-33-
3333&Honeywell&Carson&&&&MDOBX|1|SN|15
54-5^ GLUCOSE ^^^POST 12H
CFST:MCNC:PT:SER/PLAS:QN||^175|mg/dl|7
0_105|H|||F
```

La sintassi del messaggio non è affatto complessa. Ogni segmento, che possiamo paragonare ad un periodo di un testo, inizia con un codice di tre lettere, ad esempio MSH è il *message header*, l'intestazione presente in ogni messaggio e che contiene svariate informazioni di servizio, il PID, *patient identification*, che contiene i dati personali del paziente, compreso il proprio medico curante, ecc.

I campi sono le informazioni contenute in ogni segmento e sono separati da barre verticali | (simbolo di *pipe*), come il nome del paziente, l'ospedale, il medico prescrivente ed esecutore materiale dell'esame, ecc.

Il motivo principale per il quale presentiamo il messaggio è, tuttavia, legato all'assoluta visibilità *in chiaro* dei dati del paziente, *caratteristica* che dovrà essere tenuta in conto quando discuteremo circa la sicurezza dei dati.

1.4.2 Digital Imaging and Communication in Medicine

Lo standard **DICOM**, che in italiano può essere tradotto con *Comunicazione e produzione di immagini digitali in Medicina*, è stato concepito nel 1983 dall'*ACR*[50] e dalla *NEMA*[51] con lo scopo di rendere la produzione delle immagini indipendente da un singolo produttore od una particolare modalità, rendendo più semplice l'integrazione con il PACS.

Lo standard, o meglio, gli insiemi di standard che come ci si aspetta comprendono sia i formati dei dati sia i protocolli per scambiare gli stessi, sono codificati in ben sedici documenti liberamente disponibili[52].

Così come HL7, anche l'ultima versione di DICOM[53] ha seguito il trend informatico del paradigma orientato agli oggetti, infatti ogni entità coinvolta nella produzione delle immagini, dal paziente alla modalità, è trattato come un *oggetto*, la cui *classe* è definita dall'**Information Objects Definition (IOD)**. Si può pensare ad una classe come all'archetipo, al modello teorico, di un'entità, ad esempio un essere umano, mentre gli oggetti sono essere umani reali, come il nostro conoscente in carne ed ossa, Mario Rossi.

L'IOD definisce quindi una serie di attributi comuni di un insieme di oggetti correlati e sono proprio tali oggetti i *pacchetti* contenitori delle informazioni cliniche.

Gli oggetti possono essere scambiati sia tra programmi sia tra sistemi informatici che, a livello logico,

---

[50] American College of Radiology.
[51] National Electrical Manufacturers Association
[52] Scaricabili dal sito http://dicom.nema.org/
[53] Ci riferiamo alla versione 3.0, introdotta nel 1993.

lo stesso standard DICOM raggruppa sotto il nome di **Application Entities (AE)**. Le particolari operazioni, chiamati *servizi*, che una AE può eseguire su un oggetto sono legate alla natura dell'oggetto, d'altronde che senso avrebbe estrarre il nome del paziente da un oggetto che rappresenta una modalità?

È proprio la stretta associazione servizi-oggetto che distingue il paradigma orientato agli oggetti e che dà vita al concetto di classe come l'insieme di attributi che gli oggetti condividono nonché le operazioni che si possono eseguire sugli stessi attributi. Volendo sottolineare quest'ultimo concetto, le classi DICOM sono chiamate **SOP**, **Service-Object Pairs**, Coppie Servizio-Oggetto.

Trattandosi di una comunicazione, la SOP verrà richiesta da un'entità ed eseguita da un'altra. Per esempio la memorizzazione di un'immagine nel PACS, è richiesta dalla modalità ed eseguita dal PACS core, così come la visualizzazione di un esame può essere richiesta da una workstation di refertazione. Il richiedente viene chiamato **Service Class User (SCU)**, il fornitore del servizio, Service Class Provider (SCP).

Facciamo un esempio. Abbiamo completato la nostra scansione TC, il cui formato delle immagini è definito dallo IOD e sarà quindi un oggetto CT[54]. Il servizio che richiediamo è di memorizzare l'immagine, la coppia servizio-oggetto sarà quindi *CT Storage SOP*. Il richiedente il servizio, che abbiamo chiamato SCU, è la modalità, il fornitore del servizio *storage* è il PACS, lo SCP.

---

[54]CT è l'equivalente anglofono di TC, Computed Tomography.

Uno sguardo ad un file DICOM

La memorizzazione di un file DICOM, trattandosi di dati la cui stragrande maggioranza è relativa ad un'immagine, avviene direttamente in formato binario, a differenza di HL7, che avviene in formato testuale. I dati testuali presenti nell'intestazione, *header,* dei file DICOM, tuttavia, vengono codificati anch'essi in maniera testuale, il che significa che saranno intelligibili se aperti con un semplice editor di testo[55]. Vediamo un esempio.

```
#DICM####UL##Â########OB############U
I##1.2.840.10008. MR##p#LO##SIEMENS###
0#LO #WRIST^RIGHT###>#LO##SCOUT AXIAL
LG FOV RT.##p#PN##RIORDAN,
JAMES##▒#LO##Harmony###
#MRTSMH2#2#PN##DIFIORI^JOHN^^^M.D.#2#`
#LO"#MRI WRIST WO/CONTRAST -
UNILATERAL2##@LT#WRIST
RIGHT#@#D#DA##20040305@#E#TM##085903.5
57498
@#T#LO#WRIST^RIGHT#@#u#SQ##R###þÿ#àJ##
#@###LO"#MRI WRIST WO/CONTRAST -
UNILATERAL@#
```

Risulta facilmente comprensibile, in chiaro, il tipo di esame, il nome del paziente, l'esecutore, ecc. Anche in questo caso dovremo prendere delle precauzioni al fine di proteggere i nostri dati.

Successivamente all'header, che nell'esempio non è stato riportato in toto per problemi di spazio, troviamo i

---

[55] Abbiamo visto più volte che la coppia dati di servizio / dati effettivi da comunicare è onnipresente in materia di comunicazione.

dati relativi all'immagini. Un file DICOM è quindi paragonabile ad un **contenitore**, di testo ed immagini, piuttosto che ad un file jpeg, cioè ad un formato di immagine, come spesso erroneamente accade. Possiamo affermare, al più, che un file DICOM può contenere un'immagine compressa, per esempio secondo la codifica jpeg ma rimane completamente indipendente dal formato dell'immagine che contiene.

Concludiamo il paragrafo facendo osservare che, in assoluta simmetria con HL7[56], gli standard di comunicazione proposti da DICOM sono costruiti sui protocolli TCP/IP e si configurano tra i livelli più alti della pila OSI.

1.4.3 Interoperabilità

Abbiamo accennato al fatto che l'interoperabilità all'interno di HL7, cioè tra sistemi che condividono informazioni testuali, è soddisfacente ed aggiungiamo che anche quella tra differenti modalità e il PACS, via DICOM, risulta di buon livello.

La comunicazione RIS/PACS, invece, non è affatto soddisfacente, anzi è alquanto drammatica. All'inizio di questo capitolo abbiamo schematizzato tre possibili scenari legati all'interoperabilità tra i due sistemi e ribadiamo che la piena integrazione rimane una rarità, il sogno della realizzazione di un Archivio Pazienti totalmente Elettronico (*EPR*, Electronic Patient Record).

---

[56] Sarà ormai chiaro che DICOM cerca di standardizzare la comunicazioni delle immagini mediche cosi come HL7 quelle relative alle informazioni cliniche di tipo testuale.

Quali sono le problematiche legate alla comunicazione tra i due sistemi?

Innanzitutto, per quanto possa sembrare banale, i due standard continuano a svilupparsi tenendo conto del modo migliore di gestire i propri dati, con la conseguenza di ignorare l'altro.

Un altro punto da considerare è che RIS e PACS non sono sullo stesso piano sebbene l'effettiva produzione di immagini diagnostiche rappresenti certamente il passo essenziale del servizio, esso rimane comunque uno step subordinato all'interno del workflow del RIS, come chiaramente espresso nel Diagramma 1.

Il problema si verifica quando l'evento riguarda sistemi incompatibili con HL7, per esempio la produzione delle immagini, che dovrà convertire i messaggi HL7 in ingresso e successivamente generare quelli di uscita.

A prima vista la questione potrebbe essere sottovalutata se paragonata ad una conversione tra formati che descrivono la stessa realtà. I formati in questione sono relativi a tipi di dato differenti, con la conseguenza che una conversione 1 ad 1 risulta impossibile, ma la vera difficoltà consiste nel fatto che più che di una conversione si tratta di un'estrazione delle informazioni dagli header DICOM di uno studio che non di rado può contenere oltre 200 immagini. Una soluzione che ogni tanto si ripropone è quella di includere i referti nei file DICOM, soluzione che risulta particolarmente inefficiente dal punto di vista prestazionale, oltre che ridondante[57].

---

[57] Di fatto i referti verrebbero copiati nei file DICOM e al contempo rimarrebbero nel sistema RIS.

Un'altra problematica, certamente più abbordabile ma non meno fastidiosa, riguarda il formato dei campi di informazione, per esempio una data, che per DICOM prevede l'anno seguito dal mese e dal giorno AAAAMMGG ma potrebbe trovarsi nel formato GGMMAAAA in un altro sistema. Un ulteriore esempio può essere la presenza di più campi per un attributo, ad esempio il numero di telefono con un campo aggiuntivo per il prefisso o la presenza di più numeri di telefono in un sistema e di uno solo in un altro[58].

Scartare i numeri di troppo oppure affiancare sistemi di supporto che compensano a certe mancanze, sono scelte molto delicate e che possono aggiungere ulteriori strati di macchinosità ad un sistema di per sé complesso. Spesso, di fatto, non vi è modo di operare una scelta indolore, più corretta o meno sbagliata: è proprio il motivo per il quale molti ospedali decidono di non provare nemmeno ad accostare i due sistemi informatici.

In primo luogo bisognerebbe fare di tutto per evitare di trovarsi in queste situazioni ed è per questo motivo che abbiamo ragguagliato il lettore fin dalle prime pagine circa l'uso di sistemi fai-da-te. In particolare, qualora si stesse valutando l'acquisto un nuovo sistema RIS/PACS, un minimo di attenzione nella scelta della soluzione più adatta per la propria azienda ospedaliera e del proprio partner che effettivamente implementerà il sistema, rappresenta il maggior discriminante tra il *sogno* dell'ospedale completamente informatizzato e l'*incubo* di cui sopra.

---

[58]In questo caso, quale numero decidiamo di conservare? È decisamente un bel grattacapo!

Integrating the Healthcare Enterprise

Un aiuto nel perseguire la tanto desiderata integrazione RIS/PACS ed eventualmente un EPR ci viene dall'**Integrating the Healthcare Enterprise**, un'iniziativa promossa da un consorzio di radiologi ed esperti nel settore IT[59], a partire dal 1998.

IHE facilità la comunicazione tra entità di natura diversa, chiamate *attori*, definendo le regole di comunicazione tra gli stessi, *le transazioni*, e fornendo diversi **profili di integrazione**, i quali descrivono i passi necessari al completamento di un compito (workflow) in termini di standard noti come HL7 e DICOM.

I profili di integrazione sono specifici per ogni reparto di un'azienda ospedaliera, infatti i profili sono contenuti in *domini* come *cardiologia, farmacia, laboratorio* e naturalmente, *radiologia*. Per quanto riguarda quest'ultima esistono ben 24 profili[60] che vanno dalla prenotazione degli esami alla refertazione[61].

Si badi bene che i profili di integrazione non sono un ulteriore tecnologia teorica ma si occupano di procedure concrete come l'accettazione del paziente. Sebbene si tratti di un diagramma UML e non di un profilo IHE, il Diagramma 1 è concettualmente simile alla rappresentazione di un profilo di integrazione.

Analizzare il metodo di lavoro fornito dal framework IHE va ben oltre lo scopo di questo testo, vogliamo tuttavia presentare un esempio di dichiarazione di

---

[59]Information Technology, in italiano useremmo l'espressione esperti nel campo dell'informatica.
[60]Sette dei quali sono ancora in corso di definizione.
[61]È possibile trovare i profili di integrazione ed altre informazione al sito http://wiki.ihe.net/index.php?title=Main_Page

integrazione IHE che si dovrebbe richiedere ogniqualvolta si acquista un dispositivo per il proprio sistema RIS/PACS. Da notare che la scheda specifica esplicitamente i profili di integrazione supportati dal dispositivo in relazione agli attori che il dispositivo *dovrebbe* effettivamente riconoscere. Bisognerebbe sempre provare all'interno della propria rete ogni qualsivoglia dispositivo prima di acquistarlo per averne la certezza.

2 RETI DI ELABORATORI

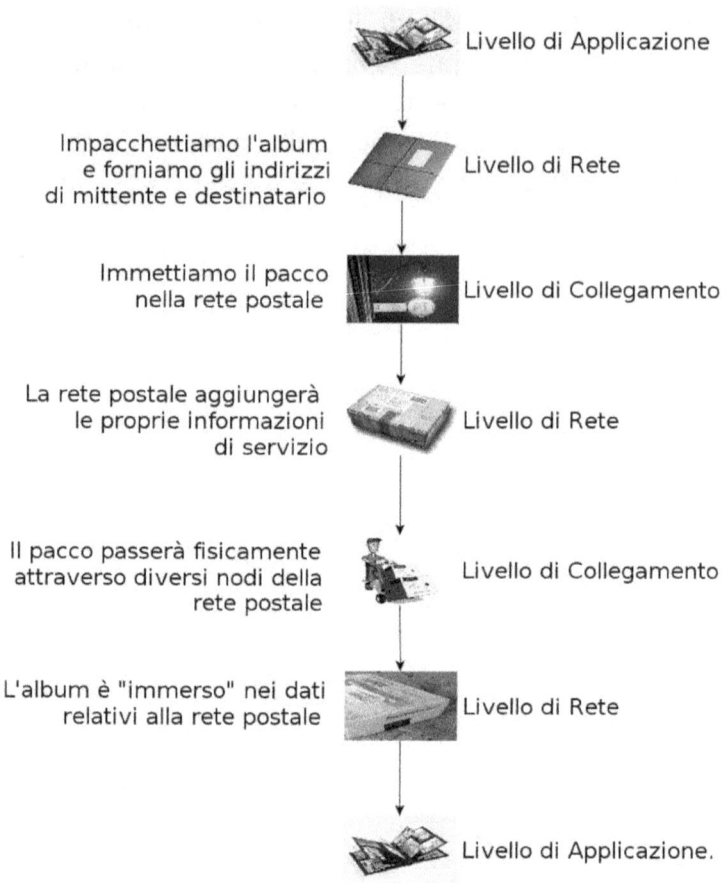

Figura 2. Osserviamo le trasformazioni che un pacco subisce prima di giungere a destinazione. Da notare che le stesse sono strettamente legate al viaggio del pacco, cioè al suo trasferimento, mentre il contenuto, le informazioni oggetto della comunicazione, dovrà rimanere immodificato. Ci preme sottolineare che l'atto di circondare l'album di carta e scrivere gli indirizzi necessari, ovvero creare il pacco, significa presentare le nostre informazioni in un formato compatibile con la specifica rete, nell'esempio la rete postale, che useremo per la trasmissione.

2.1 Architettura di rete

Dedichiamo il presente capitolo a quello che gli anglofoni chiamano *networking* poiché gran parte dei problemi che riguardano la sicurezza, la sottrazione e la modifica indebita dei dati avverrà proprio a questo *livello virtuale*[62] ovvero a causa di un'entità o un gruppo di entità[63] sconnessa dal piano fisico, che si trova in un posto lontano dal luogo dove risiedono i nostri dati. È comprensibile come l'attacco informatico di questo tipo venga troppo spesso coadiuvato da una compromissione della propria infrastruttura informatica ospedaliera ad opera del legittimo personale che vi opera.

In questo capitolo forniremo alcune conoscenze su come avviene la trasmissione dei dati tra due dispositivi, tipicamente due elaboratori: il networking è un argomento estremamente vasto che rischia di essere sottovalutato non soltanto riguardo la **sicurezza informatica** ma anche nei confronti delle **prestazioni** del nostro sistema. Le immagini hanno una certa dimensione[64] e la velocità della nostra rete dovrà essere

---

[62]La politiche legate all'archiviazione dei dati, invece, riguarda problematiche di natura diversa, più prevedibili, le cui soluzioni moderne, garantiscono un alto grado di sicurezza a differenza della Sicurezza delle Reti che di fatto è un'utopia e richiederà l'accettazione di svariati compromessi.

[63]L'attaccante, comunemente chiamato hacker, spesso attaccherà la rete tramite altri computer o altre reti di computer, rendendo difficile risalire alla sorgente dell'attacco o all'identificazione di tutti i partecipanti. Per questi motivi si è scelto di usare il termine *entità*.

[64]Nel cap. 1, abbiamo grossolanamente calcolato la dimensione di una singola immagine TC, ottenendo il valore di 25 MegaByte.

idonea al carico di informazioni generate dal reparto, con un occhio di riguardo al futuro, tenendo presente che la tecnologia porta a produrre un numero sempre maggiore e più pesante di informazioni.

Nell'affrontare l'argomento torna comodo ricordare un concetto che si ripresenta continuamente nel mondo dell'informatica ovvero l'esistenza di un *basso livello*, vicino al modo di operare dei computer, 0 e 1 per intenderci, e di un *alto livello*, più vicino all'uomo, fatto di icone colorate, finestre, ecc. In realtà basso e alto livello sono i due estremi di una scala che presenta un certo numero di gradini intermedi. In altre parole, i dati, per esempio un'email, che arrivano al nostro computer di casa, non passano semplicemente dalla nostra linea telefonica al nostro monitor ma passano attraverso un numero variabile di strati prima di trovarsi in uno stato compatibile ad essere letto dal programma di visualizzazione delle email.

Ad un primo sguardo, questa frammentazione in strati può sembrare inutile e macchinosa e provoca la sensazione di dover trasportare un bicchiere d'acqua tra due stanze contigue travasando la stessa acqua in bicchieri di forma differente invece che effettuare l'operazione in un unico passaggio. Cercheremo di capire quali motivazioni stanno dietro ad un cosiffatto modello, al quale ci riferiremo con il termine *architettura*.

Nel nostro caso architettura è sinonimo di logica, ovvero riguarda le procedure, di solito una serie di passi successivi, necessarie affinché possa svolgersi la

comunicazione tra due computer[65], tenendo conto di **efficienza**[66] ed **efficacia**[67]. In altre parole la creazione di un'architettura è sia un processo di standardizzazione sia una continua ricerca volta a perfezionare la metodologia, nella fattispecie, di trasmissione delle informazioni.

2.1.1 Il modello ISO/OSI

L'architettura di rete di riferimento è l'**Open Systems Interconnection**, noto come modello **ISO**[68]**/OSI**, che si basa su sette strati o livelli.

Affrontare dignitosamente lo studio di questo modello, sul quale si basa praticamente ogni dispositivo comunicante su qualunque rete mondiale, va largamente aldilà dello scopo di questa trattazione. Preferiamo continuare con un'esposizione chiara e semplificata di alcuni selezionati concetti nell'ottica di fornire un'introduzione tecnica ma comprensibile ad un ampio numero di lettori[69].

A tal fine la nostra architettura di rete di riferimento si baserà su un modello a quattro strati, ottenuti incorporando i livelli superiori dello standard OSI in un

---

[65]Ci riferiamo al termine computer nell'accezione più generale, mai come oggi un numero così elevato di dispositivi è connesso ad una qualunque rete, si pensi a telefoni cellulari, smartphone, tablet, netbook, notebook, lettori di varia natura ecc.
[66]Una comunicazione efficiente è una comunicazione performante ma dai costi contenuti.
[67]L'efficacia si riferisce all'affidabilità, ovvero alla corretta trasmissione delle informazioni mantenuta nel tempo.
[68]International Organization for Standardization, è la più importante organizzazione per la standardizzazione o normazione.
[69]Esistono ottimi testi sul nerworking, nella bibliografia ne consiglieremo qualcuno.

unico strato e lasciando invariati quelli inferiori, che permetterà comunque una buona esposizione dei concetti che si vogliono sviluppare.

ISO/OSI	Modello semplificato	Suite protocolli Internet[70]
Applicazione	Applicazione	HTTP, FTP, SMTP
Presentazione		ASCII, AFP,
Sessione		NetBios, SOCKS
Trasporto		TCP, UDP, SPX
Rete	Rete	IP, IPX
Collegamento	Collegamento	PPP, Ethernet, ATM
Fisico	Fisico	Cavi di connessione

Tabella 2. Comparazione tra Architettura OSI, l'architettura usata in queste pagine ed i protocolli della Suite Internet. I protocolli TCP/IP utilizzano un'architettura a 4 strati, concettualmente simile al nostro modello.

La **Tabella 2**, mostra la relazione tra l'architettura ISO/OSI, la nostra architettura semplificata ed i protocolli della Suite Internet.

2.1.2 Livelli superiori

Si tratta del nostro album di fotografie pressoché *al naturale*, con la consapevolezza di volerlo spedire ma non ancora impacchettato. D'altronde se non volessi

---

[70]Ne indichiamo una manciata, la lista completa si può facilmente trovare tramite un qualunque motore di ricerca, specificando "protocolli internet".

effettuare una comunicazione, a cosa mi servirebbe un'architettura di rete? Ragionando nella stessa ottica, il destinatario, guardando le foto, saprà che sono le foto che noi gli abbiamo inviato. Questo livello viene spesso confuso dall'utente con un programma informatico, di cui la parola applicazione è sinonimo, come quelli usati per inviare la posta, browser web, ecc. In realtà questo livello si trova un gradino più basso rispetto al programma, tuttavia fornisce gli strumenti più elevati, cioè di più alto livello, per la comunicazione.

A questo livello, il programma (e quindi il programmatore) non deve fare particolari sforzi e interagire con il sistema binario, ma potrà avvalersi di alcuni **servizi** che con una logica vicina a quella umana, potranno fornirgli la prossima e-mail da visualizzare o permettere lo scaricamento di un file.

Il gateway

Il gateway, in italiano *cancello*, è l'indispensabile dispositivo che permette la comunicazione tra due reti di computer differenti. Quanto sopra significa che i dati inviati da un dispositivo di una rete dovranno per forza passare dal gateway per giungere ad un altro dispositivo appartenente ad una *rete esterna;* il termine gateway può anche essere tradotto come *punto di passaggio*.

Il lavoro svolto da questo dispositivo è simile a quello di un ufficio postale che gestisce la corrispondenza curandosi di smistarla al giusto indirizzo. La modalità invia le immagini al gateway, ed in un certo senso *se ne lava le mani*, ovvero considera le immagini trasferite correttamente al PACS.

Un'altra considerazione importante riguarda la presenza di un gateway tra RIS/HIS e PACS core e tra modalità e PACS core, ovvero un gateway è, come anticipato, necessario per la comunicazioni tra *reti esterne*. Non vi è nessun gateway tra PACS core e le numerose workstation di refertazione/visualizzazione. L'instradamento dei pacchetti verrà eseguita dallo *switch*, un dispositivo simile che opera al livello di Collegamento.

Precisiamo che il termine gateway si riferisce ad un **concetto logico** da cui ne consegue che i dispositivi che fisicamente svolgono questa funzione possono essere diversi, non di rado accorpate ad un dispositivo del livello successivo, il *router* o un elaboratore appositamente programmato.

2.1.3 Livello di Rete

Al livello precedente ci ritroviamo semplicemente dei dati e la volontà di inviarli presso un destinatario. Il mittente potrebbe anche non avere idea di dove si trovi il destinatario e viceversa.

Al livello di Rete si conoscono mittenti e destinatari e si crea un **percorso** di tipo **logico** di come recapitare i dati. Consideriamo la **Figura 2**, l'ufficio postale ha certamente una strategia, un *protocollo*, per recapitare un pacco internazionale, ovvero il passaggio per l'ufficio di Roma, successivamente quello di Milano ed consegna la posta alle autorità internazionali. Attraverso quale mezzo fisico, nave, aereo, ecc, il pacco raggiungerà la destinazione non è responsabilità di questo livello.

Un altro esempio potrebbe essere quello di una *ditta di prodotti da forno* che chiede all'agricoltore un certo quantitativo di grano per l'anno a venire. Quali campi coltivare, con quale tecnica, quanti lavoratori impiegare, ecc. sono decisioni lasciate all'agricoltore.

Facciamo notare che se controllassimo i nostri dati al livello di Applicazione, essi non sarebbero molto diversi dai dati originali (nell'esempio, le foto). Controllando tali dati al livello di Rete, invece, troveremmo le nostre foto *spezzettate* in tanti piccoli frammenti, detti **pacchetti**. Capiamo subito che è più semplice inviare piccoli *pacchetti di dati*, soprattutto se pensiamo al fatto che, evenienza comune, qualora un determinato pacchetto dovesse perdersi sarà sufficiente rinviare solamente quello perso invece che dell'intera foto; inoltre bisogna notare che la quantità di dati inviati sarà maggiore dell'effettiva dimensione dei dati stessi perché ogni pacchetto sarà corredato da un numero variabile di dati di controllo e di servizio: bisogna massimizzare i dati che rappresentano le nostre informazioni e cercare di contenere tutto il resto. Generare una serie di pacchetti per un totale di 25 Megabyte per un singolo referto, è chiaramente inaccettabile.

Invitiamo il lettore a riflettere su un'altra evenienza. Cosa accadrebbe se un certo numero di corrieri dovesse ritirarsi in pensione o se il produttore dovesse essere costretto a cambiare agricoltore?

A parte qualche dettaglio minore, non cambierebbe nulla. Tutta la logica, ovvero le procedure, che si usavano con i vecchi collaboratori potrà ancora essere usata con i nuovi.

Tornando al mondo delle reti e dell'informatica, è noto come l'obsolescenza sia un evento costante o comunque molto frequente, senza contare le problematiche di forza maggiore, come guasti, interferenze, case produttrici che dismettono alcuni dispositivi, ecc. Se fosse necessario riprogettare la nostra rete in risposta ai continui eventi di cui sopra, il numero di aziende che potrebbero permettersi una rete sarebbe veramente piccolo[71].

Il router

Il router è un dispositivo essenziale, che instrada i pacchetti di cui sopra tra i dispositivi selezionati per la trasmissione, all'interno della stessa rete. La trasmissione avviene ad un livello *logico*, ovvero si tratta ancora dell'organizzazione della comunicazione piuttosto che dell'effettiva trasmissione, la quale è a carico del livello successivo.

Come accennato, spesso il router accorpa le funzioni di gateway, e per tale motivo vi può essere confusione tra i termini, che talvolta vengono usati come sinonimi.

Il lettore potrebbe conoscere questo dispositivo qualora nella propria abitazione, ad esempio, possiede una connessione ad internet cui si collegano più computer.

2.1.4 Livello di Collegamento

Il nome di questo livello può essere fuorviante, perché nell'accezione comune usiamo il termine

---

[71]Di contro oggi chiunque possiede una rete, il piccolo alimentari sotto casa, il giornalaio, ecc. basta avere un router, come nelle nostre case, per essere proprietari di una rete. E se il nostro fornitore del servizio Internet cambia qualcosa all'interno della propria rete, noi non ce ne accorgiamo nemmeno ed il nostro vecchio router continua a funzionare correttamente.

collegamento come sinonimo di *rete* mentre a questo livello, ci riferiamo ai dispositivi di rete effettivamente collegati tra loro e che permettono la comunicazione sul *piano fisico*, nel mondo che possiamo toccare con mano.

Abbiamo fatto notare come non sia necessario un gateway per la comunicazione tra dispositivi appartenenti alla stessa rete. Come fa, dunque, il Server PACS ad inviare un esame ad una workstation piuttosto che ad un'altra?

Il dispositivo che si occupa di instradare i dati, che a questo livello sono detti **frame**, è lo **switch**.

Ancora una volta si può percepire un, come vedremo apparente, senso di ridondanza e macchinosità, in fondo nelle nostre reti di casa il router fa un po' di tutto. È proprio necessario avere due dispositivi in qualche modo similari?

Innanzitutto dobbiamo pensare che anche un piccolo ospedale con un qualche modalità costituisce una rete di medie dimensioni, a differenza delle nostre case; inoltre abbiamo già parlato del vantaggio di potere usare per i nostri dispositivi una serie di nomi logici, figuriamoci per una rete esterna di cui non abbiamo il controllo e i cui proprietari potrebbero modificare di continuo!

Nel caso di un HIS gestito indipendentemente quanto sopra potrebbe accadere con una certe frequenza. Inoltre un indirizzo fisico è qualcosa di basso livello, pensato più per le macchine che per gli uomini, ai quali risulterebbe complicato dover ragionare in questi termini.

Lo switch

Lo switch non è concettualmente dissimile dal router (in senso stretto), esso si occupa di instradare i frame di dati su un percorso basato sugli indirizzi fisici, di cui è anche il gestore dell'associazione con quelli IP.

Switch può essere tradotto in italiano con il termine *commutatore*, ovvero il dispositivo addetto al cambiamento, nel nostro caso, di mittente e destinatario. In molti film d'epoca abbiamo potuto vedere il concetto di commutare quando la centralinista metteva in collegamento due distretti telefonici più o meno distanti tramite la connessione di un cavo.

Mentre un gateway, per esempio un router, conosce gli indirizzi logici dei dispositivi comunicanti[72], lo switch conosce l'effettivo identificativo fisico di mittente e destinatario. Se questi cambiano, altra importante differenza, bisognerà aggiornare lo switch.

2.1.4 Livello Fisico

Il livello fisico è quello dei **dispositivo di per sé**, sconnesso dagli altri, ed al quale vengono richieste una serie di caratteristiche come il dover funzionare con un certo valore di tensione e corrente, presentare un tipo particolare di connettore, ecc.

I dispositivi elettronici sono componenti reali e non ideali. Supponendo di progettare un dispositivo che annulli, cioè blocchi, completamente il passaggio di

---

[72] Il gateway, di fatto, usa degli pseudonimi per esempio Server1. Il gateway non si accorge di una sostituzione con un nuovo elaboratore se questi rimane sotto lo pseudonimo di Server1.

corrente[73] in un punto di un apparato o un circuito, scopriamo che, nonostante i nostri sforzi, un minimo di corrente passerà ugualmente. Allora dovendo lavorare con dispositivi reali, considereremo nulla una corrente che in realtà è piccola, inferiore ad un certo valore prestabilito, detto tolleranza[74].

La nota assunzione legata al mondo dei circuiti e dell'informatica, per la quale assegniamo un bit di valore 0 quando non passa corrente più realisticamente diventa assegniamo 0 fintanto che la corrente è compresa tra lo zero e la nostra tolleranza.

Riflettendo su quanto appena letto, possiamo affermare che a livello fisico, cioè nella realtà, la comunicazione avviene, con una costante presenza di *errore*. Ciò che possiamo fare è limitare, per quanto possibile, questo disturbo, detto **rumore**[75], e aumentare la visibilità dei nostri dati, il **segnale**[76].

Possiamo adesso meglio comprendere il rapporto tra i livelli: il livello di Collegamento fornisce a quello di Rete un dispositivo di comunicazione logico ed ideale, privo di errori di comunicazione. Questi errori verranno gestiti dietro le quinte dal livello di Collegamento, il vero manovratore del livello fisico.

---

[73]Per esempio il bottone di emergenza presente nelle console di comando delle macchine pesanti.
[74]Questo è vero non soltanto per le reti o l'informatica, è un'assunzione valida per ogni scienza applicata e non teorica.
[75]Il lettore può pensare ad una conversazione telefonica, per quante la qualità della voce sia chiara, se il nostro interlocutore smette di parlare sentiremo un brusio di fondo, il rumore.
[76]Il rapporto segnale/rumore, quindi, è la misura che si utilizza per valutare la qualità del segnale.

L'hub

L'hub è un dispositivo di rete necessariamente fisico utilizzato come punto di smistamento dei dati in ingresso verso gli altri dispositivi della stessa rete.

Dotato di un solo ingresso e diverse uscite, esso *inoltra* i dati ricevuti all'ingresso indistintamente su tutte le uscite, e per questa ragione, è detto *ripetitore multiporte*. Tra i dispositivi finora analizzato, esso è quello dotato di minore logica di programmazione e gestione del traffico, e per questo risulta particolarmente economico.

Ad un livello più elevato non è visto come un effettivo nodo ma come un semplice cavo che si divide e consente la connessione tra più dispositivi, fornendo un canale di comunicazione comune, ma dispensandosi da ogni responsabilità circa la corretta trasmissione dei dati, che rimane di competenza dei livelli superiori.

Vista la semplicità delle funzioni svolte, la funzione di hub può essere incorporata in quella del gateway/router.

2.2 Protocolli di rete

Un'architettura è un insieme di procedure logiche. Per essere ancora più chiari, un'architettura non è un progetto industriale, per esempio di una specifica autovettura: seguendo quel progetto otterremmo sempre la stessa identica autovettura. Di un'architettura possiamo invece riconoscerne lo stile in analogia con l'architettura di una civiltà. Le case, dell'architettura greca non erano identiche tra di loro ma sono ben distinguibili da quelle romane.

I protocolli hanno il compito di realizzare il modello indicato dall'architettura, la quale indica maggiormente *cosa fare* lasciando ai protocolli di decidere *come fare*. Per una stessa architettura, infatti, esistono diverse implementazioni, ognuna delle quali usa un numero variabile di protocolli per ogni livello.

I dispositivi connessi alla rete internet si basano su una serie di protocolli detti **Suite di protocolli Internet** che operano ai vari livelli del modello ISO/OSI. Per essere più precisi, questa suite implementa il modello ISO/OSI con un certo grado di libertà[77] riducendo la *pila* a soli quattro livelli, in maniera paragonabile alla nostra architettura di esempio, come in **Tabella 2**; inoltre questo insieme di protocolli è più conosciuto come TCP/IP, dai due protocolli più famosi della suite. Risulta evidente che i dispositivi che vogliono comunicare tra loro, devono implementare gli stessi protocolli.

2.2.1 Transmission Control Protocol

Il protocollo TCP è particolarmente importante e si pone *a cavallo* tra il livello di Applicazione e quello di Rete ma possiamo ancora considerarlo più vicino all'uomo che alla macchina. La sua importanza è dovuta al fatto che assicura al livello applicativo un **canale di comunicazione affidabile** e *garantito*, almeno per quanto riguarda la trasmissione dei dati.

Cosa accade a questo livello quando due dispositivi comunicano? Innanzitutto il TCP divide i dati da inviare in una serie di unità chiamati **pacchetti** (**Figura 8**), quadratini in rosso). Ogni pacchetto conterrà un'intestazione (**header**) contenente informazioni di

---

[77]Bisogna considerare che i protocolli TCP/IP sono nati prima dello standard ISO/OSI.

servizio per la trasmissione dei dati, banalmente una parte dei dati ed un codice di controllo che serve a capire se la comunicazione è avvenuta in modo corretta o meno.

Ogniqualvolta un pacchetto viene inviato, scatta un conto alla rovescia entro il quale deve arrivare dal destinatario la comunicazione che il pacchetto è stato ricevuto altrimenti il protocollo dà per scontato che il pacchetto in questione è andato perduto e quindi provvederà ad inviarlo nuovamente. È tramite questo meccanismo che il protocollo TCP assicura l'affidabilità della connessione; il TCP si occupa inoltre delle politiche di congestione del traffico e in generale di *QoS*[78].

Facciamo notare, infine, la discrepanza con l'architettura OSI che prevede lo stabilirsi di un canale sicuro a livello di Collegamento ed il fatto che, riferendoci alla suite di protocolli internet, questo protocollo sia l'unico che si preoccupi di rilevare e rinviare i dati non ricevuti.

2.2.2 Internet Protocol

L'Internet Protocol è un protocollo più aderente al modello ISO/OSI, in particolare al livello di Rete, quindi è utilizzato per la comunicazione tra reti differenti curando l'**instradamento** dei pacchetti, cioè l'effettivo percorso che questi dovranno fare per giungere a destinazione.

---

[78]Quality of Service, si tratta di politiche che permettono la fruizione godibile di un servizio e che evitano il blocco della rete in conseguenza di un carico di dati troppo elevato. In quest'ultimo caso il QoS stabilirà delle priorità, per esempio la navigazione Web sarà tipicamente prioritaria rispetto allo scaricamento di file.

Non si cura, tuttavia, di assicurare una connessione sicura, che rimane prerogativa del TCP[79].

Il protocollo in questione, inoltre, è responsabile dell'associazione tra quello che abbiamo chiamato indirizzo logico, l'**indirizzo IP**, e l'indirizzo fisico del dispositivo. Qualunque dispositivo connesso in rete deve quindi avere un indirizzo IP, il quale viene fornito dal protocollo omonimo, secondo disponibilità.

Indirizzo IP

Attualmente esistono due versioni dell'indirizzo IP, la versione 4 *IPv4*, e la versione 6, *IPv6*. La prima versione che, verrà definitivamente abbandonata in favore della seconda entro il 2025, consiste di quattro gruppi di numero da 0 a 255, distanziati da un puntino.

Ad esempio un indirizzo IPv4 valido è 85.128.38.79. Per qualunque IPv4 il primo numero indica la rete[80] cui il dispositivo è connesso. Nel caso del nostro computer di casa connesso alla rete internet, solitamente si tratta del provider cui paghiamo l'abbonamento. Ogni compagnia ha un numero unico e ciò è valido per ogni azienda esistente, internet, infatti, è la rete più grande del mondo: il motivo per il quale è nato IPv6 è stata propria l'incombente carenza di indirizzi da assegnare ad ogni computer connesso ad internet, prevista per l'anno in

---

[79]È questo il motivo fondamentale per il quale i protocolli vengono sempre associati, è molto raro sentire parlare del solo protocollo TCP o IP.
[80]Tecnicamente la sottorete, perché la rete principale è la rete internet.

corso[81] (2011). L'IPv6 è leggermente più complesso, viene rappresentato come 8 gruppi composti da 4 cifre esadecimali, separate da due punti (:), permettendo la contemporanea identificazione di un numero di dispositivi pari a 10^{38} contro i 10^9 della versione 4.

2.2.3 Ethernet

Al livello di Collegamento due sono i protocolli più utilizzati, lo standard de facto **Ethernet** e quello **ATM (Asynchronous Transfer Mode)**[82]. Il protocollo Ethernet è stato concepito nel 1973 per le reti locali e risulta oggi molto diffuso grazie alla buona sintonia con i protocolli TCP/IP e alla grande economicità.

Di contro il protocollo ATM, sviluppato nei primi anni novanta, non ha mai trovato grande diffusione, nonostante caratteristiche tecniche nettamente superiori che offrì al lancio, soprattutto a causa della scarsa affinità con i protocolli TCP/IP. Uno dei vantaggi più grandi nell'implementare una rete ATM rispetto ad una Ethernet è la capacità intrinseca della stessa di regolare i flussi di dati, ovvero di potere preimpostare già a questo livello una politica QoS.

---

[81]Da APNIC, società no-profit responsabile della gestione responsabile degli indirizzi IP in Australia, http://www.apnic.net/publications/news/2011/delegation

[82]Entrambi sono un insieme di protocolli, in quanto negli anni sono stati aggiornati generando diverse versioni. Le più vecchie vengono mantenute per garantire la continuità di servizio ed un certo grado di compatibilità con chi per vari motivi (es.: aggiornamento di un singolo dispositivo su una rete di vecchia data) è costretto ad utilizzarle.

Indirizzo MAC

Abbiamo più volte accennato ad un indirizzo fisico, proprio di ogni dispositivo, l'**indirizzo MAC** (**Media Access Control**, Controllore di Accesso del Mezzo). Un indirizzo MAC è formato da 6 gruppi di 2 cifre esadecimali separati da trattini ed offre la possibilità di identificare univocamente 10^{14} dispositivi diversi. L'indirizzo MAC, infatti, è univoco e viene assegnato dal produttore del dispositivo[83]. Un esempio di indirizzo MAC è: *00-21-5A-10-A1-09*.

Concludiamo il paragrafo fornendo il concetto di **velocità di trasmissione**[84], ovvero il numero di bit che possono passare attraverso una canale di comunicazione in un secondo. Per un sistema che fa un uso intensivo e praticamente esclusivo di immagini, esso rappresenta un parametro che dovrà essere tenuto in grande considerazione. Nel caso del protocollo Ethernet le velocità massime[85] disponibili, a seconda della

---

[83]Quindi non esistono al mondo due dispositivi prodotti con lo stesso indirizzo MAC. Sottolineiamo il termine "prodotti" perché è possibile cambiare tale indirizzo con una certa facilità, il che ne diminuisce fortemente l'uso che se ne può fare in tema di sicurezza.

[84]Spesso chiamata larghezza di banda, o banda passante. Sono termini molto diffusi anche se tecnicamente impropri, si tenga comunque presente che stiamo trattando una velocità.

[85]Si tratta del picco di velocità raggiungibile in determinate condizioni di traffico e se la rete è stata implementata adeguatamente. Anche questo è un argomento che bisognerebbe chiarire col proprio implementatore. Il servizio di supporto della nota casa HP spiega la questione in maniera molto chiara: http://h10010.www1.hp.com/ewfrf/wc/document?docname=c01549240&lc=it&cc=it&destPage=document&dlc=it

generazione, vanno dai 10 Megabit/s ai 10 Gigabit/s[86].

2.3 Classificazione delle reti

Una rete di calcolatori è un insieme di dispositivi indipendenti tra loro connessi da un sistema di comunicazione, con lo scopo primario di permettere la **condivisione** di dati e risorse appartenenti ai vari dispositivi.

Una rete ha quindi lo scopo di condividere le risorse dei dispositivi appartenenti alla rete stessa, in modo che gli altri ne possano usufruire anche essendone fisicamente privi. Da notare che non tutte le risorse devono essere necessariamente condivise ma soltanto un sottogruppo opportunamente selezionato.

Le risorse tipicamente condivise in una rete possono essere di natura logica come le informazioni, oppure fisiche sono le memorie di massa, dispositivi di output come le stampanti, ecc.

Una rete offe diversi vantaggi, tra cui il costo ridotto dalla possibilità di condividere le risorse, la sensibilità minore ai guasti che raramente compromettono il funzionamento dell'intera rete ed una certa facilità di espansione della stessa in caso di nuove esigenze.

Finora ci siamo occupati del microcosmo di una rete, dei suoi componenti e delle regole di comunicazione. Ad un livello più macroscopico possiamo classificare le reti secondo diversi criteri, i più usati riguardano il modo in

---

[86]Equivalenti a 10.000 Megabit/s. Nel giugno del 2010 sono stati ratificati gli standard Ethernet a 40 e 100 Gigabit/s, http://www.theregister.co.uk/2010/06/22/ieee_802_dot_3ba_ratified/

cui i dispositivi, sono effettivamente connessi tra di loro e l'estensione geografica della stessa rete.

2.3.1 Topologia di reti

Si tratta della rappresentazione geometrica che fisicamente assume la rete ovvero del modo in cui i dispositivi sono effettivamente connessi tra di loro.

I dispositivi sono detti **nodi** ed indicano qualunque componente della rete che fornisce o utilizza le risorse condivise dalla rete, quindi computer, router, dispositivi portatili, ecc. Ogni nodo è connesso ad un numero variabile di altri nodi, tramite i **rami**, spesso cavi di connessione, ed è proprio la configurazione di collegamento a determinare la topologia della rete.

A livello di topologia distinguiamo due grosse famiglie, basate rispettivamente sulla tecnologia *punto-punto* e *multipunto*:

- **Punto-punto**. Si tratta di un collegamento diretto e dedicato tra due nodi, che può essere sia di natura unidirezionale che bidirezionale, modalità stabilità prima della connessione e che non può essere più cambiato fino al termine della stessa.
- **Multipunto**. In questo caso il collegamento è condiviso tra due o più nodi, saranno quindi necessarie tecniche di *indirizzamento* per individuare mittente e destinatario ed una relativa al **controllo degli accessi** per gestire correttamente l'unico canale di comunicazione.

Da notare che la topologia della rete descrive strettamente la configurazione di connessione e non si occupa di specificare altri parametri come gli standard di connessione, la loro banda, ecc.

La rete a stella

Una rete con struttura a stella è caratterizzata da un nodo centrale che svolge funzioni superiori, di controllo e coordinamento, detto **centro**, ed un certo numero di nodi periferici, detti **satelliti**.

I satelliti sono connessi al centro tramite connessioni punto-punto bidirezionali, con gli evidenti vantaggi di avere una connessione dedicata al centro, sempre disponibile, ed un gestore centrale cui fanno certamente capo le risorse che il satellite desidera utilizzare; gli svantaggi riguardano i costi necessari per dotare ogni satellite di un'apposita connessione privata e la totale dipendenza della rete dal centro, che, in caso di guasto, rende la rete inutilizzabile.

Questo tipo di configurazione è alla base dell'architettura cosiddetta **client/server**, in cui il ruolo del server è proprio giocato dal centro. La tipica rete ospedaliera si baserà proprio su questa architettura.

2.3.2 Estensione geografica

La grandezza, ovvero le dimensioni, della rete implicano l'utilizzo di tecnologie differenti, le quali a loro volta ne determinano costi e prestazioni.

Lo sviluppo di nuove tecnologie, spesso relative al miglioramento di quelle già esistenti come lo standard Ethernet, ha reso possibile l'invio di grandi quantità di dati a distanze elevate, un tempo dominio esclusivo di reti dalle dimensioni contenute. La classificazione in base all'estensione geografica di una rete è classicamente suddivisa in due grandi categorie:

- Una rete che connette dispositivi presenti in un contesto geografico limitato, come un ufficio o una

scuola, comunque limitati ad un singolo edificio, è detta rete locale o **LAN** (Local Area Network).
- Le reti che, invece, riguardano dispositivi sparsi in aree geografiche estese, dalle singole città all'intero Pianeta, sono dette rete geografiche o **WAN** (Wide Area Network).

Una classificazione più dettagliata distingue un sottogruppo di WAN in aree metropolitane (*MAN*, Metropolitan Area Network) che riguardano esclusivamente il contesto cittadino. Questa suddivisione è sempre meno critica grazie al progresso tecnologico che uniforma il modo di progettare e realizzare le reti.

Local Area Network

Il concetto di LAN è nato pensando ad un sistema di comunicazione di dimensione inferiore al chilometro. Oggi si preferisce pensare in termini più funzionali, quindi ad una stessa realtà produttiva che condivide parte di dati e risorse, la quale opera in spazi relativamente vicini o, collegandoci al concetto giuridico di località, agli ambienti contigui di unica proprietà.

Tipicamente una LAN è un sistema **privato** che presenta un chiaro e definito proprietario ed un numero noto e limitato di utenti. Progettate ed implementate a supporto, per esempio, di un'azienda ospedaliera, esse possono essere ottimizzate per lo scopo e fornire alte velocità di trasmissione.

Wide Area Network

La rete geografica, di fatto, non ha limiti di estensioni e può riguardare l'intero Pianeta, come la rete *internet*. I proprietari di tali reti solitamente sono i fornitori abituali del servizio telefonico, pubblici o privati, i quali si appoggiano ad un mezzo trasmissivo preesistente utilizzato a tale scopo.

Le velocità di trasmissione possono variare enormemente in dipendenza del gestore e del servizio acquistato ma la vera novità riguarda il fatto che in questo momento storico le performance fornite da una WAN sono **paragonabili** e non vengono nettamente surclassate da quelle fornite dalle reti locali; tuttavia rimane il problema della *privacy*, ovvero il notorio rischio che le nostre informazioni possano essere indebitamente sottratte o giungere al mittente dolosamente alterate.

2.3.3 Virtual Private Network

LAN e WAN hanno i propri campi di applicazione o se vogliamo le loro rispettive nicchie di utilizzatori. In particolar modo la LAN soddisfa l'esigenza di alte performance in un ambiente ristretto, al costo di creare un canale di comunicazione dedicato e proprietario mentre, i servizi di una WAN sono sicuramente disponibili ad un costo inferiore reso possibile dalla condivisione del canale di comunicazione, il quale diventa un svantaggio se pensiamo alla delicatezza dei nostri documenti aziendali.

Sarebbe certamente desiderabile poter sfruttare la WAN più famosa al mondo, internet, accessibile a costi molto contenuti ed alte velocità, rendendola però concettualmente simile ad una rete locale, quindi privata.

Quanto sopra è proprio lo scopo di una **Virtual Private Network** (VPN) che rende sicuro il canale internet, crittografando i dati prima di essere trasmessi ed eseguendo l'operazione inversa una volta giunti a destinazione.

Le soluzioni basate su VPN sono ancora limitate per i sistemi RIS/PCAS. La riduzione dei costi è certamente sensibile per ogni tipologia aziendale ma è sicuramente molto accentuata per aziende maggiori come un reparto di radiologia. La sfida rimane sul fronte della sicurezza, e, soprattutto per dati sensibili come quelli clinici, risulta di fondamentale importanza.

Il tunneling

Il **Tunneling** è alla base della realizzazione di una rete privata che sfrutta internet ed è legato alla *costruzione* di un tunnel sicuro posto tra mittente e destinatario e grazie al quale i dati possono essere spediti avendo la certezza che arriveranno alla fine del tunnel.

Il tunnel di cui sopra è un concetto logico che è molto difficile da individuare con uno o più dispositivi fisici, perché il fornitore, in ultima analisi, di internet ci offre dei servizi e non la reale implementazione della propria rete[87], il termine *tunnel* rappresenta quindi la descrizione del risultato finale della trasmissione dei dati, i quali possono viaggiare in un ambiente alquanto insicuro, senza doversi preoccupare di chi possa intercettare, dirottare, o manipolare i dati.

Con un processo simile a quello visto per il formato DICOM e le immagini in esso contenute, il Tunneling compie un incapsulamento dei dati, all'interno di un altro pacchetto che viene spedito attraverso internet,

---

[87]Così come noi non vorremmo mai rivelare pubblicamente l'effettiva configurazione della nostra rete, soprattutto per motivi di sicurezza.

con il risultato che i dati vengono *imbustati* due volte e resi intelligibili esclusivamente al legittimo destinatario.

3 VULNERABILITÀ DI RETI, SISTEMI E DATI

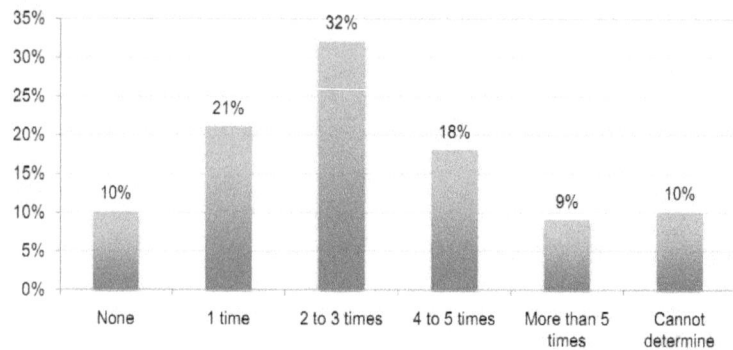

Bar Chart 1
The number of successful network security breaches over the past 12 months

Figura 3. Il grafico a barre indica che il 90% delle aziende dello studio ha subito almeno un attacco informatico che è riuscito ad eludere le proprie difese, nei passati 12 mesi. Molto più preoccupante è il fatto che le violazioni siano state subite due o più volte per il 60% delle aziende, il che probabilmente è legato al fatto di non riuscire a "tappare la falla" che ha permesso l'attacco. Fonte: Ponemon Institute - Perceptions About Network Security, pubblicato e commissionato dalla società Jupiner Networks nel mese di giugno 2011. Disponibile gratuitamente all'indirizzo seguente http://www.juniper.net/us/en/local/pdf/additional-resources/ponemon-perceptions-network-security.pdf

3.1 Vulnerabilità comuni

L'evoluzione dei sistemi informativi ha progressivamente ridotto l'uso della carta e dei grandi archivi cartacei fino a renderli obsoleti, come mostrato in **Figura 4**. Nonostante tale progresso tecnologico, alcune problematiche più vecchie permangono tutt'oggi, come l'autenticazione e la restrizione dell'accesso ad alcuni locali, un tempo custodi dei nostri archivi cartacei, oggi dei sistemi informatici.

Le stanze critiche per la nostra azienda in realtà contengono ancora i nostri dati, seppur in un formato differente ed impacchettati in un contenitore non direttamente intelligibile da un essere umano. In altre parole, i dati contenuti nei nostri archivi informatici devono essere estratti dagli stessi, tramite un'interfaccia informatica e non è più possibile intrufolarsi nell'archivio aziendale e leggere con relativa facilità i documenti contenuti, in maniera diretta.

Questo strato aggiuntivo, ciò che sovente chiamiamo **piano logico**, è la novità più importante che caratterizza il mondo dell'informatica e che ha permesso di allontanarci dai pesanti faldoni, ingombranti e difficili da maneggiare ma che non ha ancora permesso di abbandonare totalmente il piano fisico.

La connessione tra i due piani diventa ancora più chiara se ragioniamo in termine di protezione dei dati, in particolar modo la regolamentazione degli accessi agli stessi, problematiche che non solo continuano a permanere nelle nostre stanze, anche se non contengono più gli archivi cartacei, ma si sono *sdoppiate* in maniera analoga a livello logico.

I dati risiedono su un supporto cartaceo, all'interno di grandi archivi.	Inizio della digitalizzazione dei dati, la maggior parte dei quali è ancora legata alla carta e che necessitano di essere trasmessi «a mano».	La maggior parte dei dati risiede su supporto informatico e viene condivisi all'interno di una rete privata.	La carta è pressoché obsoleta, i dati vengono condivisi con uffici che possono trovarsi in un altro continente, tramite internet.
1950 - 1960 ARCHIVI CARTACEI	1960 - 1975 PRIMI SISTEMI INFORMATICI	1975 - 1990 S.I. BASATI SU LAN	1990 - 2015 S.I. BASATI SU WAN (INTERNET)

1950   2015

Figura 4. Evoluzione dei Sistemi Informativi. Nel corso del tempo è cambiato il supporto di memorizzazione dei dati e le modalità di condivisione degli stessi. Si sono aggiunte nuove possibilità come la condivisione istantanea di dati su scala intercontinentale ma anche le relative problematiche di sicurezza.

3.1.1 Attacco informatico

Un *attacco* consiste nello sfruttare una falla interna od esterna ad un sistema informatico al fine di alterarne il normale funzionamento. Spesso lo scopo dell'attaccante è sconosciuto, le motivazioni principali possono essere:

- **Accedere** al sistema. Non di rado lo scopo primario dell'attaccante è quello di dimostrare le proprie capacità informatiche, evadendo le difese a protezione dei sistemi delle grandi aziende, che notoriamente spendono enormi capitali in sicurezza informatica.

- **Sottrarre** e/o **alterare** i dati. Lo scopo doloso di un'attaccante *mercenario*, cioè pagato da un terzo, magari un'azienda concorrente, per sottrarre alcuni dati per ottenere un vantaggio industriale o alterne gli originali per creare caos e scompiglio.
- **Impedire** l'accesso al sistema da parte dei legittimi utenti. Manomettere i servizi offerti da un sistema informatico aziendale è un attacco invalidante che può richiedere molto tempo per essere corretto nonché danneggia gravemente l'azienda vittima, di solito paralizzandola.
- **Utilizzare** le risorse del sistema. I sistemi informatici aziendali sono molto più potenti dei normali elaboratori disponibili ai più e l'idea di poterne sfruttare una parte della capacità può fare certamente gola.

L'avvento di internet e la sempre maggiore astrazione dal piano fisico ha portato a considerare le minacce di cui sopra prettamente su un piano più astratto, curandoci sempre di più degli attacchi da remoto.

È bene sottolineare che il piano fisico è assolutamente esposto a tutte le vulnerabilità citate, che rappresentano un insieme di problematiche comuni all'informatica, **ad ogni livello**. I sistemi informatici, infatti, sfruttano componenti diverse, che vanno dall'elettricità per alimentare l'hardware ai software eseguiti sia in locale sia in remoto. Gli attacchi possono provenire ed avvenire in ogni anello di questa catena, una volta identificata la vulnerabilità sfruttabile.

Sottolineiamo, infine, che almeno il 20% degli attacchi informatici portati a termine con successo avvengono fisicamente all'interno degli locali degli uffici aziendali[88].

L'attaccante

L'attaccante è tipicamente chiamato **hacker**, tradotto in italiano con l'espressione *pirata informatico*. In realtà il termine, nato alla fine degli anni '50, possedeva un'accezione positiva indicando i programmatori più bravi ed ingegnosi. Negli anni '70, gli stessi hacker fondarono le aziende informatiche più famose del mondo, come la *Microsoft* e la *Apple*[89].

A partire dagli anni '80 il termine inizia a tendere verso il significato odierno, indicando in particolare coloro che copiavano e rivendevano videogiochi ed altro materiale su supporto magnetico. Oggi *hacker* è utilizzato, a torto, esclusivamente per indicare chi si introduce illegalmente nei sistemi informatici.

Esistono, tuttavia, una nutrita schiera di hacker il cui scopo è molto simile al significato iniziale del termine, ovvero migliorare i sistemi e tecnologie informatiche, dimostrandone spesso la loro scarsa protezione.

Un gruppo di hacker molto noto nel passato recente, certamente controverso[90], si faceva chiamare *LulzSec*, dall'acronimo *LOL* (Laughing Out Loud), usato per indicare qualcosa che troviamo molto divertente e *Sec*,

---

[88]Tabella 5 del già citato studio del Ponemon Institute.
[89]Al riguardo, nel 1999 è stato prodotto un film-documentario dal titolo "I pirati di Silicon Valley", in cui il termine "pirata" non è usato con l'attuale accezione negativa.
[90]Definito un gruppo di cyber-terroristi da molti governi ma anche applauditi da noti esperti di sicurezza, come Bruce Schneie, http://www.schneier.com/blog/archives/2011/07/is_there_a_hack.html

security, da sicurezza informatica. Questi giovani hacker, tra gli altri, hanno dimostrato largamente che la sicurezza informatica, oggi, è lontana dall'essere una scienza matura e che, tramite il nome del gruppo, definiscono alquanto risibile ed inefficace, riuscendo, tra le varie *imprese*, a portare a termine un attacco contro la nota multinazionale nipponica *Sony*, sottraendo un milione di account dalla loro piattaforma di gioco[91].

L'imperfezione

L'essere umano non è infallibile e lo è ancor meno quando progetta e realizza i propri sistemi informatici. **Bug**, letteralmente *insetto*, è un termine ormai d'uso comune ed indica un errore, un comportamento inaspettato di un software o di un altro sistema. Che dire di svariati dispositivi che collaborano tra di loro i quali si portano dietro i propri bug?

In effetti la maggior parte delle vulnerabilità sono sfruttabili proprio per il fatto che un bug può essere poco importante in un sistema che lavora a sé ma divenire una pericolosa porta d'accesso a tutti i sistemi di una rete. Quanto sopra è il motivo per il quale in ambito di sicurezza informatica si ragiona raramente in termini di *certezza* ma di **requisiti**, ovvero la definizione di un insieme di caratteristiche invalicabili ed irrinunciabili che i nostri sistemi devono soddisfare. Con un eventuale implementatore del nostro sistema RIS/PACS contratteremo proprio in termini di requisiti.

---

[91]L'attacco è famoso in tutto il mondo, esistono svariate fonti, riportiamo questo articolo http://news.cnet.com/8301-31021_3-20068414-260/hackers-steal-more-customer-info-from-sony-servers/

3.1.2 Analisi delle minacce

L'azienda usa i dati che li riguarda per portare a termine il proprio scopo ma tali dati possono essere usati per controllare il proprio stato interno, in termini di sicurezza, ovvero effettuare quella che viene chiamata l'**analisi delle minacce** che non può non partire proprio dai dati locali. Uno studio di questo tipo permette di stilare una sorta di classifica dei rischi che riguardano l'azienda, permette di ignorare quelli meno rilevanti e di concentrarsi maggiormente sulle vulnerabilità critiche.

I sistemi informatici si prestano molto bene ad un'analisi di questo tipo, abbiamo già a disposizione una serie di dati raccolti e catalogati all'interno dei nostri sistemi che possono essere interrogati con un certo grado di semplicità al fine di mostrare i dati richieste e le statistiche relative.

Al fine di determinare i possibili danni che si potrebbero avere a fronte di un incidente o di un attacco che colpisca dati o risorse del sistema informatico, bisogna innanzitutto identificare i beni di cui vogliamo valutare i rischi in particolar modo secondo categorie con caratteristiche/esigenze comuni di sicurezza.

Analisi delle vulnerabilità

L'**analisi delle vulnerabilità** può essere svolto secondo diversi modalità, solitamente con visite di controllo e l'utilizzo di questionari anonimi somministrati al personale che utilizza i sistemi in esame

I controlli sono raggruppati in aree rilevanti per la sicurezza che in caso di non conformità costituiscono le Aree di vulnerabilità del sistema sotto valutazione.

Un ulteriore passo avanti consisterebbe nell'affidare la valutazione dei nostri sistemi a **società terze**, che basandosi sulle sole informazioni ufficialmente disponibili, quindi escludendo *passaparola* ed ordini di servizio non scritti, e visitando i locali, possono stilare un rapporto completo sulla stato di *insicurezza* della struttura.

3.2 Il piano "fisico"

I sistemi informatici aziendali hanno delle componenti fisiche che risiedono all'interno dell'azienda ospedaliera, degli spazi che conterranno diversi dispositivi elettronici. A dispetto dell'evoluzione tecnologica che ha reso la carta ormai obsoleta siamo ancora legati a qualcosa che dobbiamo proteggere fisicamente, così come facevamo con il nostro archivio cartaceo.

L'attaccante che riesce ad evadere le barriere a protezione di questi ambienti, come una porta chiusa a chiave, magari forzata quando il personale è andato a pranzo, ottiene un accesso diretto alla rete e, usando un economico dispositivo portatile, si **connette fisicamente** alla rete ospedaliera.

Esso potrà effettuare delle scansioni sulla rete locale, cercando gli indirizzi dei server ad essa connessi, rilevando le porte di accesso aperte per il normale funzionamento dei sistemi e sottraendo i dati.

Questo scenario, all'apparenza surreale, è invece reso possibile proprio dalla scarsa percezione di pericolo proveniente da un attaccante che opera in loco tanto che raramente questi troverà una porta chiusa a chiave.

I fenomeni atmosferici di una certa intensità, infine, possono essere molto più devastanti rispetto ad un attaccante informatico, il quale può certamente avere lo scopo di distruggere i nostri dati ma con una certa probabilità è più interessato a sottrarli e/o modificarli.

3.2.1 Hardware

Può darsi che i sistemi informatici non siano fisicamente presenti nei locali in cui lavoriamo e si trovino in uno scantinato o, come vedremo nel capitolo finale, in una non meglio definita località, e sebbene risulti sempre più nascosto e meno visibile, l'hardware è la piattaforma su cui necessariamente il software deve essere eseguito. Si tratta di dispositivi elettrici sì dotati di una fine tecnologia ma pur sempre vicini al funzionamento elettrico di un forno o di un televisore.

Possedere una tecnologia avanzata è sinonimo di tecnologia *più delicata*, ovvero richiede un ambiente con certe caratteristiche che devono costantemente essere mantenute, per assicurarne il funzionamento corretto. In particolare, le esigenze in termini di **raffreddamento** ed **alimentazione** devono essere monitorate attentamente e sebbene sia ormai prassi comune disporre di sofisticate funzionalità di monitoraggio e segnalazione in apparecchiature fisiche quali gruppi di continuità ausiliari, condizionatori d'aria per sale computer e sistemi antincendio, altri aspetti degli ambienti fisici vengono spesso ignorati.

Il monitoraggio delle singole apparecchiature non è sufficiente ma l'ambiente che ospita i nostri sistemi deve essere protetto secondo una visione d'insieme da minacce ed intrusioni. Tali minacce includono temperature eccessive dell'aria di aspirazione di server e terminali, perdite d'acqua, accesso non autorizzato ai locali o interventi inappropriati effettuati consapevolmente o meno.

Le sedi atte alla ricezione del pubblico, in particolare un servizio di pronto soccorso in cui il flusso dei pazienti è difficilmente prevedibile e caotico per il carattere dell'urgenza richiedono comunque un ulteriore monitoraggio automatizzato.

Suscettibilità

Alcuni tipi di minaccia, che presentano un certo grado di criticità, non dispongono di soluzioni di monitoraggio standard oppure possono essere di difficile e/o costosa implementazione. In particolar modo le minacce legate agli ambienti, come la variazione sensibile del livello d'umidità, può verificarsi in qualsiasi punto all'interno dei nostri locali quindi il numero e la copertura che i sensori forniscono rappresentano una problematica più sul versante economico che tecnologico. Le stesse possono essere potenzialmente distribuite in qualsiasi luogo all'interno degli ambienti, in posizioni che possono variare col tempo, per l'acquisto di nuove apparecchiature o anche a causa del gesto più innocuo come può essere lo spostamento dei mobili all'interno della stanza.

Altre minacce simili, come fumi ed incendi, rischiano troppo spesso di venire trascurate per disinformazione, mancanza di fondi nonché di esperienza nella progettazione di una **strategia di monitoraggio** adeguata. La Tabella 6 indica le minacce che i locali addetti agli elaboratori devono fronteggiare e le disastrose conseguenze che ne possono conseguire.

3.2.2 Personale

Le minacce di tipo fisico possono provenire da qualunque entità che possa fisicamente interagire, compresi i legittimi lavoratori dell'azienda. Personale malformato, stressato, demotivato o semplicemente corrotto risulta essere una minaccia subdola e pronta a manifestarsi in qualunque momento.

Lo scenario da considerare è relativo ad una persona che possiede legittimamente un certo grado di libertà di movimento all'interno dell'azienda, che ne conosce luoghi, orari e ritmi di lavoro. In questi termini la minaccia balza in cima alla classifica delle pericolosità potenziali, a giusto titolo. Azioni come spegnere l'intero sistema di aerazione dei nostri sistemi o connettere dispositivi contenente software malevolo diventa tragicamente semplice.

Ancora più pericolo è un'azione dannosa compiuta dal personale in maniera naturale e del tutto inconsapevole, magari convinti di star facendo un favore all'azienda o, tutto sommato, nulla di male. Causa una certa emozione affermare l'esistenza di tre categorie principali di minacce che usano il personale come mezzo trasmissivo inconsapevole ovvero ne fanno una **vulnerabilità** aziendale:

- **Ingegneria sociale**. Si tratta di vero e proprio hacking ai danni di un essere umano. In questo caso il sistema che viene violato è la mente dell'individuo, le cui protezioni, il buon senso e la propria conoscenza, vengono aggirate al fine di essere persuaso a compiere il volere dell'hacker.
- **Scam** (truffa). Puntando ai sentimenti dell'essere umano, il lettore dell'email-truffa viene impietosito a

donare dei soldi a qualcuno che si proclama bisognoso. Sebbene la truffa consista spesso nell'esclusiva raccolta di fondi, non mancano i casi in cui il lettore viene invitato ad aprire un file o a vedere una foto che contiene software malevolo che potrebbe propagarsi nell'intera rete ospedaliera.
- **Phishing** (sottrazione dei dati). Si tratta di una minaccia che mira al furto delle credenziali di accesso dell'utente di un sistema informatico, tramite le quali l'hacker potrà mascherarsi ed accedere al sistema stesso. Riguarda, normalmente, la sottrazione di credenziali bancarie e postali, tuttavia sono diffusi attacchi rivolti ad interi gruppi di lavoro, come i dipendenti di una specifica azienda, anche ospedaliera. Riportiamo un caso nel quale un medico riceve un'email, all'apparenza da parte del servizio informatico dell'ospedale in cui lavora ed espone inconsapevolmente i dati sanitari relativi a 600 pazienti[92].

Ingegneria sociale

L'ingegneria sociale è basata sull'utilizzazione della forza di persuasione e sullo sfruttamento dell'ingenuità delle vittime facendosi passare per qualcuno di conosciuto, un tecnico, un amministratore, un fornitore, ecc. Risulta finora evidente che il miglior modo per fronteggiare questa manaccia consisterà nella formazione ed aggiornamento del personale.

La fase preparatoria l'attacco, vede l'hacker, detto *social engineer*, raccogliere ogni qualsivoglia

---

[92]La notizia è riportata, tra gli altri, dal sito amednews.com, portale della rivista pubblicata dall'Associazione Medici Americani, http://www.ama-assn.org/amednews/2010/01/25/bil20125.htm

informazione relativa alla vittima, perfino rovistando tra la spazzatura della stessa alla ricerca di password annotate, informazioni sullo stato di salute della vittima, ecc.

L'esecuzione dell'attacco di ingegneria sociale, prevede delle fasi tipiche che lo contraddistinguono:

- L'**approccio**. Serve all'hacker per guadagnarsi la stima dell'interlocutore il quale crederà di parlare genuinamente con un collega, un direttore, un fornitore, ecc.
- L'**allerta**. È la fase durante il quale l'attaccante aggira le difese dell'interlocutore, il buon senso e la sua cultura, adducendo pretesti di emergenza, ponendo la vittima sotto stress.
- La **rassicurazione**. L'hacker rilassa la propria vittima rassicurandola di aver svolto un ottimo lavoro, il che è molto utile per togliere il sospetto dalla stessa e permettere all'hacker di eliminare le proprie tracce e di non essere scoperto nell'immediato.

Il tipico attacco di ingegneria sociale avviene per telefono, in modo da costringere la vittima a ragionare in poco tempo ed evitare che possa consultarsi con il personale circostante. Lo scamming ed il phishing sono esempi di tecniche che usano le email, risultano certamente meno efficaci ma riescono comunque nel loro intento puntando sul grande numero di persone cui vengono spedite. La posta classica è un altro mezzo possibile, anche se ormai poco utilizzato.

3.3 Il piano "logico"

Il piano logico è strettamente legato ai dati ed ai software che vi operano. Il software è l'insieme di programmi tramite i quali interagiamo con la macchina per compiere il nostro lavoro comprese le tecniche di post-processing sull'immagine acquisita, le più moderne ricostruzioni tridimensionali, il processo di scrittura del referto e quant'altro.

I programmi sono caratterizzati da un *algoritmo*, una serie di passi previsti o, per l'appunto, programmati che verranno eseguiti in maniera simile ad una ricetta da cucina[93]. Essi non interagiscono direttamente con l'hardware ma con un software *speciale* che vi si interpone, detto **Sistema Operativo**, come *Microsoft Windows*, le diverse distribuzioni Linux come *Ubuntu*, *Mac OS*, ecc. Il compito di questo software particolare è quello di interfacciarci con l'hardware, in maniera simile a quanto visto per i vari livelli del modello ISO/OSI. Le istruzioni, scritte in un linguaggio vicino al linguaggio umano, il **linguaggio di programmazione**, vengono convertite da un *interprete* in linguaggio macchina ed eseguite dalla stessa.

La sequenza che permette l'interazione tra utente ed hardware, che passa quindi per Sistema Operativo e il programma di nostro interesse, contiene con certezza statistica un numero indeterminato di bug, i quali possono di per sé costituire una minaccia che mette in pericolo i nostri dati nonché fornire una via d'accesso al software dannoso, creato apposta per sfruttare le falle.

Oltre ai problemi legati al software, il personale potrà ancora una volta essere una minaccia da tenere in

---

[93]È un esempio di massima, tenuto conto che un algoritmo non potrebbe contenere istruzioni imprecise come *aggiungere sale quanto basta*.

considerazione, perché spesso detiene il compito di immettere i dati (*data entry*) nel nostro sistema, modificarli ed aggiornali.

3.3.1 Software malevolo

Il software creato al fine di provocare un certo grado di danno nella macchine su cui è eseguito, in particolar modo sui dati contenuti, esiste da sempre tanto che la possibilità di creazione di un software capace di replicarsi autonomamente fu dimostrata a metà degli anni '40 proprio da John Von Neumann[94], creatore dell'omonima architettura, tutt'oggi alla base dei moderni elaboratori.

Alla prima categoria di software malevoli (**malware**) capaci di autoreplicarsi fu dato il nome di *virus*, il cui primo esemplare fu creato nel 1971, si aggiungeva ai dati senza apportare ulteriori modifiche e limitandosi a visualizzava un messaggio una volta che l'infezione fossa avvenuta. Successivamente, molti virus, furono programmati con l'obiettivo di distruggere i dati presenti sulla macchina.

L'interazione con l'utente

Il software dannoso corrente si è evoluto in diverse famiglie accomunate dalla capacità d'infezione, ovvero di autoreplicarsi, un tempo dominio esclusivo dei virus.

Molti software di questo tipo richiedono un certo livello di interazione con l'utente, cioè richiedono che sia l'utente ad eseguire il virus. Ancora una volta l'ingegneria sociale e la scarsa formazione possono

---

[94]von Neumann, John (1966). "Theory of Self-Reproducing Automata". *Essays on Cellular Automata*(University of Illinois Press): 66–87. Retrieved June 10., 2010.

ingannare il personale il quale diffonderà l'infezione. In particolare distinguiamo:

- I **Virus**. Sono i classici programmi autoreplicanti, programmati con gli scopi più disparati, dai semplici scherzi alla distruzione totale dei sistemi. In qualche modo essi necessitano di essere eseguiti dall'utente, ed una volta avviati, procedono alla propria replicazione, accodandosi ai dati, che se scambiati infetteranno gli altri sistemi.
- I **Cavalli di Troia** (*Trojan Horse*). Sono virus programmati tenendo conto delle tecniche di ingegneria sociale ed, infatti, vengono spesso diffusi tramite allegati di email truffa o di phishing. Possono anche essere scaricati involontariamente da siti web, talvolta anche all'insaputa dello stesso gestore, perché spacciati per software di utilità o comunque innocui. Seppur imbrogliando l'utente, anch'essi necessitano dello stesso per essere eseguiti.

Il worm

Il worm è la diretta evoluzione del virus, attualmente rappresenta il malware **più pericoloso**, in quanto è in grado di infettare un sistema senza l'interazione dell'utente, sfruttando bug e vulnerabilità note. Si replicano in maniera incredibilmente veloce, riuscendo ad infettare tutti i computer recettivi nell'ordine dei minuti.

Il worm carica un programma residente nel sistema infettato, detto *payload*, che può essere di svariata natura, spesso una porta d'accesso (*back door*) per altri malware nonché un processo che utilizza pesantemente le risorse del computer, compresa la banda di comunicazione, per i propri scopi. Spesso è proprio l'eccessivo ed improvviso appesantimento del sistema utilizzato a fungere da campanello d'allarme, soprattutto quando si nota un sistema acceso ma non utilizzato che scambia molti dati con l'esterno.

3.2.2 Incoerenza della base di dati

Nel Cap. 1 abbiamo introdotto il concetto di schema di dati, il quale fornisce la chiave di lettura per i dati contenuti nel nostro database. Lo schema dei dati deve essere necessariamente rispettato in ogni istante al fine di mantenere la coerenza dei dati dell'intero sistema. Qualora il RIS o il PACS dovessero perdere tale caratteristica, si dovrebbe avviare con una certa urgenza una procedura di ripristino dei dati, con la conseguente **perdita** di quelli più recenti[95].

I malware mettono evidentemente in pericolo il vincolo di integrità, i quali replicandosi potranno sovrascrivere i dati rendendoli inconsistenti.

Data entry

Non è soltanto il software malevolo ad essere una potenziale fonte di inconsistenza dei dati, lo stesso personale che digita i dati del paziente può generare una base di dati incoerente.

I moderni software di gestione dei DBMS offrono una serie di precauzioni contro queste evenienze, tuttavia è sempre possibile scambiare dati *simili* per esempio l'identificativo del paziente con quello relativo all'indagine diagnostica.

---

[95]La quale sarà tanto più contenuta tanto migliore sarà il nostro sistema di archiviazione dei dati.

L'uso ancora diffuso della carta, o meglio di sistemi informatici affiancati a sistemi informativi cartacei, costringe spesso il personale a dover digitare più volte gli stessi dati, moltiplicando la possibilità di generare degli errori. Questa eventualità non è da sottovalutare quando consideriamo i livelli di stress che il personale può raggiungere in un servizio che fronteggia molte emergenze.

3.2.3 Bug relativi al DBMS

Il *DBMS* è il software di gestione dei database il quale permette, tra le altre cose, la definizione dello schema dei dati, i vincoli cui deve sottostare ed il data entry.

Come ogni altro software esso non può ritenersi perfetto ed è soggetto a diversi tipi di vulnerabilità, che possono normalmente verificarsi od essere indotte di proposito:

- **Errori logici.** Riguardano strettamente gli errori intrinseci del software e sono causati da uno scorretto data entry, errori strettamente legati al DBMS (divisione per zero, overflow, memoria insufficiente, ecc.) e violazioni dei vincoli di integrità.
- **Forzature del sistema.** Il sistema stesso potrebbe bloccarsi in un ciclo infinito non funzionale e volersi sbloccare al fine di riprendere le normali attività. Durante questa fase il sistema risulta inutilizzabile.
- **Crash di sistema.** Talvolta i sistemi necessitano semplicemente di essere riavviati di tanto in tanto per mantenere un certo grado di performance ma sovente può capitare di dover sostituire dei dischi o delle componenti che si sono guastate in maniera imprevista.

Buffer overflow

Il buffer overflow è un errore che si commette durante la programmazione di un software ma può essere usato per eseguire del codice malevolo nel sistema, eludendo le difese dello stesso.

Le istruzioni che il programma esegue in successione sono contenuti in aree di memoria contigue ai dati. Tramite un programma appositamente ideato è possibile sconfinare nelle celle di memorie contigue, a noi proibite perché contengono le istruzioni da eseguire, sovrascrivendole con i nostri dati che, di proposito, sono troppo grandi per poter essere contenuti nelle celle a noi assegnate. Quando il sistema eseguirà l'istruzione successiva si ritroverà ad eseguire il nostro codice.

SQL Injection

Il linguaggio usato per la creazione dei database è di natura differente rispetto ai linguaggi di programmazione normalmente utilizzati per la creazione del software. **SQL (Structured Query Language)** è il linguaggio principe appositamente progettato per facilitare l'interrogazione, ovvero l'estrazione e la manipolazione dei dati, da una base di dati.

Ancora una volta, trattandosi di un software, esso sarà soggetto ad un numero difficilmente identificale di bug. Una tecnica di hacking che sfrutta al contempo un bug ma anche l'intrinseca inefficienza dei controlli su larghe quantità di dati è proprio **SQL injection**.

Questo tipo di attacco consiste nell'esecuzione di un codice appositamente creato, come un'interrogazione alla base di dati, e permette all'attaccante di essere riconosciuto come un utente dalle **ampie credenziali**[96], spesso con la possibilità di accesso incondizionato all'intera base di dati. Tali credenziali possono essere utilizzate a loro volta per accedere a sistemi differenti, i veri obiettivi dell'attacco.

Le vulnerabilità legate a questa tipologia di tecniche non è assolutamente da ignorare, per esempio l'attacco citato precedentemente alla multinazionale Sony è stato portato a termine proprio tramite SQL injection. Moltissimi altri attacchi sono stati possibili a società che investono molto in sicurezza informatica, proprio tramite questa tecnica, tra cui il sito della Marina Militare Britannica[97]. La società di sicurezza informatica Imperva stima che ogni ora vengono condotti una media di ben 71 attacchi SQL injection[98].

3.4 Il cyberspazio

Nei paragrafi precedenti abbiamo sostanzialmente affermato che hardware e software sono afflitti da un numero *fisiologico* di bug e risulta, quindi, facile immaginare come un insieme di sistemi che lavorano su scala intercontinentale non solo non siano privi di falle ma ne contengono un numero, difficilmente quantificabile, ancora più elevato.

---

[96]L'attacco che porta ad ottenere credenziali sempre maggiori fino a raggiungere i livelli più elevati, e poter operare qualsivoglia modifica al sistema, è generalmente detto *escalation*.
[97]Royal Navy website attacked by Romanian hacker BBC News, 8-11-10, Accessed November 2010
[98]SQL Injection: BytheNumbers, http://blog.imperva.com/2011/09/sql-injection-by-the-numbers.html

Gli hacker intenzionati ad introdursi nei sistemi informatici cercheranno le vulnerabilità relative alla comunicazione tra i sistemi, soprattutto nei **protocolli** usati dalla rete e nei Sistemi Operativi. Al fine di sfruttare una vulnerabilità, l'attaccante raccoglierà informazioni sull'architettura della rete e sui sistemi che vi operano, spesso tramite l'ausilio di software creato da terzi proprio per sfruttare le vulnerabilità più note. Sebben tali attaccanti sono disprezzati dagli hacker, i quali vi si riferiscono con il termine dispregiativo di *script kiddie*, un attacco rimane pur sempre un attacco da chiunque sia condotto, soprattutto usando software programmato da esperti.

Una volta che l'hacker compreso e tracciato una sorta di mappa della rete e dei relativi sistemi sarà in grado di capire quali vulnerabilità possono essere sfruttate. Il primo accesso avrà lo scopo di permettere l'estensione delle proprie credenziali ed ottenere i massimi privilegi su uno o più sistemi, che potrà adesso *visitare* pressoché indisturbato.

L'ultima tappa consiste nell'eliminare le tracce dell'intrusione. I sistemi, infatti, conservano diversi registri delle attività svolte e delle connessioni che sono avvenute, in alcuni file detti *file di log*, che l'hacker dovrà necessariamente cancellare o modificare. Questa tappa può risultare molto difficile da attuare e quando male eseguita conduce inevitabilmente all'arresto dell'hacker.

Da notare che rendersi conto di un attacco mentre questo è ancora in corso è un'attività complessa ed onerosa in termini di risorse e spesso sarà possibile accorgersi di un attacco dopo un certo lasso di tempo variabile, purtroppo nell'ordine delle settimane.

3.4.1 Debolezze intrinseche

La Suite di protocolli Internet, tra cui la coppia TCP/IP, non sono nati tenendo conto dell'esigenza di sicurezza informatica. Essi presentano una serie di vulnerabilità non riconducibili a bug ma riconducibili al modo in cui sono stati progettati.

Bisogna tenere conto, inoltre, dei *normali* bug di programmazione che, dopo 30 anni, vengono ancora scoperti e che si aggiungono alle falle sfruttabili dagli hacker. Recentemente, infatti, ne è stata riportata un'intera nuova classe che consentirebbe l'interruzione di servizio dei sistemi colpiti, contro la quale anche il recente Ipv6 non è riuscito a resistere[99].

Tra le vulnerabilità intrinseche relative ai protocolli internet citiamo:
1. Il protocollo IP non verifica l'indirizzo IP del mittente dichiarato dal pacchetto di dati, che assume sempre e comunque come veritiero.
2. Il protocollo TCP, come discusso al Cap. 2, contratta la comunicazione tra le parti comunicanti prima dell'effettivo scambio di dati ed aggiunge le proprie informazioni di servizio agli stessi. Tali informazioni contengono dei valori, detti *flag*, facilmente modificabili che possono, ad esempio, comunicare la fine della comunicazione.
3. Praticamente nulla è occultato durante la comunicazione, tutto è visibile ed in chiaro ovvero chiunque riesca ad ottenere i nostri pacchetti potrà ricostruire i dati originali.

---

[99]HwFiles, http://www.hwfiles.it/news/individuate-serie-vulnerabilita-nello-stack-tcp-ip_26715.html

4. È impossibile impedire il collegamento di dispositivi che fanno uso di protocolli basati su TCP/IP fuori standard, opportunamente modificati per facilitare gli attacchi informatici.
5. Non esiste una fonte univoca che ci possa garantire l'identità del nostro interlocutore.

3.4.2 Interruzione di servizio

Gli attacchi che provocano l'interruzione di servizio (**DoS**, **Denial of Service**) hanno l'obiettivo di rendere non disponibili i sistemi colpiti per un lasso di tempo indeterminato, provocando la paralisi dell'intera azienda, la quale non potrà accedere al proprio sistema informatico.

Questo tipo di attacco, per certi versi, risulta atipico in quanto non è legato al bene informatico più prezioso, i dati, ma è mirato all'infrastruttura della rete; La necessità di avere sempre una parte della nostra azienda costantemente connessa ad internet, inoltre, espone l'azienda e rende l'attacco possibile in ogni momento.

A parte il possibile sfruttamento di vulnerabilità basate su bug, la tecnica principale usata per provocare l'interruzione di servizio si basa sulla **saturazione** delle risorse del sistema bersaglio.

La saturazione può essere relativa alla banda di comunicazione, con l'obiettivo di congestionare il traffico saturando la capacità di inviare i dati, o relativa al numero di connessioni, stabilendone un numero ingestibile che paralizza ancora una volta il sistema. Le capacità dei sistemi aziendali sono molto elevate, essendo progettate per comunicare con più sistemi, e per questo motivo un attacco di questo tipo è tipicamente generato a partire da più terminali e detto **Distributed Denial of Service (DDoS)**.

3.4.3 Intercettazione dei dati

Gli amministratori di sistema nello svolgimento delle loro normali attività utilizzano diversi software, tra cui i cosiddetti **analizzatori di rete** o **sniffer**, letteralmente *colui che fiuta*.

Questi software permettono di *ascoltare* il traffico di rete, ovvero di catturare le informazioni che vi circolano e vengono notoriamente utilizzati proprio per intercettare i pacchetti sospetti al fine di analizzarli, ad esempio, per rendersi conto di un possibile attacco in corso. Nel Cap. 2 abbiamo parlato dell'hub, un dispositivo di rete che presenta i dati in ingresso a tutti i dispositivi della rete, che potranno quindi essere intercettati dall'hacker.

Lo *sniffer* deve innanzitutto avere un accesso fisico alla rete aziendale. Non è certamente complicato connettere un piccolo dispositivo all'interno dell'azienda ospedaliera durante l'avvicendamento del personale, o la notte, in un reparto connesso al servizio di pronto soccorso.

Una tecnica che può utilizzare lo sniffing è detta **uomo nel mezzo (man in the middle)** e consiste nel deviare il traffico tra due entità comunicanti al proprio dispositivo che, oltre ad intercettarli, modificherà i dati per i propri scopi e per eliminare le tracce del passaggio intermedio.

L'intercettazione de dati risulta, oggi, una minaccia maggiore a causa della diffusione delle reti wireless che raramente coprono esattamente il perimetro da servire e che consente all'attaccante di poter operare nei dintorni dei locali aziendali, senza nemmeno entrarvi.

3.4.4 Falsificazione dell'identità

Queste tecniche permettono di identificarsi con un sistema o dispositivo che ha delle credenziale e poter operare *in suo nome*. Non si tratta di una sottrazione o di modificazione del sistema bersaglio, semplicemente di un *travestimento* dei nostri dispositivi. La falsificazione della propria identità, lo **spoofing**, si può ottenere con varie modalità:

- Sostituendosi ad un utente abusando della sua identità elettronica (*user account spoofing*).
- Ottenendo il controllo di una canale di comunicazione e apportando le proprie modifiche ai pacchetti (*data spoofing*).
- Spedendo pacchetti con un indirizzo IP di un sistema ritenuto legittimo dal sistema bersaglio (**IP spoofing**).

Quest'ultimo è l'attacco più diffuso all'interno della famiglia perché riesce ad aggirare molti dispositivi di sicurezza del sistema bersaglio, spesso basati proprio sul monitoraggio degli indirizzi IP.

4 TECNICHE DI SICUREZZA E PROTEZIONE DEI SISTEMI

Tecnologia	Vantaggi	Svantaggi
Impronte Digitali	Tecnologia consolidata, lettore e costi ridotti.	Difficoltà di lettura nei soggetti più anziani e lavoratori manuali
Geometria della Mano	Tecnologia consolidata, lettore robusto, dimensioni dei campioni ridotti.	Lettore di dimensioni e peso notevole, sensibilità all'illuminazione.
Riconoscimento Vocale	Non necessita di hardware dedicato, applicabile alle transazioni telefoniche.	Durata del campionamento e relativo peso informatico, sensibilità ai rumori di fondo.
Scansione Iride/Retina	Assenza di contatto fisico (iride), alta precisione e velocità di scansione.	Necessità di istruire il personale, alto costo, inaffidabile in presenza di forti dell'illuminazione.
Riconoscimento Facciale	Bassa invasività, totale mancanza di contatto fisico, acquisizione a lunga distanza.	Col passare del tempo il campione biometrico diventa obsoleto, prestazioni inferiori alle altre tecniche, sensibilità all'illuminazione, dimensioni dei campioni maggiori.

Tabella 3. Vantaggi e svantaggi delle tecnologie biometriche disponibili sul mercato. Esse sono ormai diffuse ed abbordali, costituiscono certamente la soluzione migliore per proteggere gli ambienti fisici da accessi indesiderati e controllarne i flussi. Alcune di queste metodologie non si prestano bene alla scansione di massa, altre, come il riconoscimento facciale, sono state proprio pensate per questo tipo di esigenze, riuscendo ad identificare un alto numero di persone con un'invasività pressoché nulla.

4.1 Sicurezza informatica

Uno degli aspetti spesso trascurati, pur se di fondamentale importanza, nell'informatizzazione di un reparto di radiologia è rappresentato dalla gestione della sicurezza, sia del sistema informativo che dei dati in esso conservati. Numerose sono le problematiche derivanti dalla gestione della sicurezza in un reparto informatizzato di radiologia e riguardano sia la gestione dei dati alfanumerici del paziente all'interno del RIS, sia la gestione delle immagini nell'archivio digitale ed il collegamento tra dati ed immagini. Ancora più complessa è la gestione della riservatezza di dati ed immagini che devono essere trasmessi a distanza.

Quando usiamo la parola sicurezza in ambito medico intendiamo sia la privacy, ossia gli aspetti atti ad evitare che persone non autorizzate possano accedere ad informazioni riservate, sia la security, ovvero l'integrità dei dati e la disponibilità del sistema.

Il termine sicurezza può avere diversi significati per le figure professionali coinvolte nella gestione di un sistema informativo complesso come quello ospedaliero:

- Per il **personale informatico**, il termine sicurezza indica il rigido controllo degli accessi alle risorse del sistema e l'efficace difesa nei confronti delle minacce presentate nel Cap. 3.
- Per il **personale amministrativo**, il termine sicurezza si riferisce all'assoluta riservatezza delle transazioni economiche.
- Per il **personale medico-sanitario**, il sistema è sicuro se in piena efficienza per 24 ore al giorno, tutti i giorni della settimana, e se viene garantita l'inalterabilità dei dati e dei collegamenti immagini-referti.

- Per il **paziente** il termine sicurezza si identifica nella riservatezza dei suoi dati e nella corretta attribuzione degli stessi. Soltanto negli ultimi tempi il problema di un'accurata gestione della sicurezza nel trattamento dei dati sanitari è diventato di attualità.

Ha contribuito notevolmente la **legge sulla privacy**, emanata nel 1996, ed il successivo **Testo unico sulla privacy del 2003**[100], che ha portato maggiore consapevolezza, forse con qualche estremismo all'inizio, sulla necessità di salvaguardare la riservatezza dei dati dei pazienti.

La protezione dei dati

In linea di principio un sistema informatico in ambito medico deve garantire che i dati personali e sensibili degli utenti non possano essere visibili a terze persone, se non autorizzate. Questo importante requisito è stabilito dalla legge a *Tutela delle persone e di altri soggetti rispetto al trattamento dei dati personali* che sancisce la riservatezza delle persone fisiche e giuridiche come un diritto assoluto e inviolabile. Un principio fondante della normativa corrente è che i dati personali oggetto di trattamento devono essere:
1. Trattati in modo **lecito** e corretto.
2. Raccolti e registrati per **scopi determinati**, espliciti e legittimi, ed utilizzati in altre operazioni del trattamento in termini non incompatibili con tali scopi.
3. **Esatti** e, se necessario, aggiornati.

---

[100] Formalmente, Decreto Legislativo 30 giugno 2003, n. 196 (D.Lgs 196/2003), in materia di "Codice in materia di protezione dei dati personali".

4. **Pertinenti**, completi e non eccedenti rispetto alle finalità per le quali sono stati raccolti o successivamente trattati.
5. Conservati in una forma che consenta l'identificazione dell'interessato per il **periodo di tempo necessario** agli scopi per i quali essi sono stati raccolti o successivamente trattati.

Per rispettare questi requisiti è necessario implementare strumenti atti a garantire:

- **Autenticazione**, procedura d'identificazione dell'utente ovvero di chi invia, manipola e riceve i dati. L'autenticazione è una forma di prova di identità che individua **univocamente** gli utenti del sistema. L'autenticazione fornisce supporto al **non ripudio**, che consiste nel garantire a mittente e destinatario, due utenti od una coppia utente/macchina non poter negare di aver compiuto un'operazione. Il non ripudio costituisce una prova formale, utilizzabile anche in sede giudiziaria, per dimostrare che una certa persona ha sottoscritto un documento.
- **Autorizzazione**, dati ed informazioni devono essere accessibili esclusivamente alle persone autorizzate al loro utilizzo.
- **Riservatezza**, operazioni atte a prevenire la diffusione non autorizzata e non controllata delle informazioni. La salvaguardia della riservatezza elimina il rischio che un soggetto utilizzi un'informazione altrui senza essere autorizzato.
- **Integrità**, attività atte a prevenire le alterazioni e le manomissioni illecite delle informazioni così da ridurre il rischio di cancellazioni o modifiche dei dati sia in seguito a guasti e sia in seguito all'azione di soggetti non autorizzati.

- **Disponibilità**, operazione che permette di garantire l'accesso controllato alle informazioni impedendo problemi derivanti dall'occultamento o dall'impossibilità di accesso ai dati.

I dati vengono prodotti analizzando il paziente, a partire da una o più interazioni uomo-macchina, che vanno dalla scansione tramite la modalità diagnostica sino ai passaggi tra i sistemi informatici al fine di consegnare il referto. A livello fisico i dati vengono preservati proteggendo i sistemi.

4.1.1 Linee guida, Policy e Procedure

Veniamo spesso a contatto con i termini linea guida, policy e procedura ma notiamo immediatamente come persone diverse usino i termini in maniera differente, generando confusioni ed imprecisioni (**Figura 9**).

Le linee guida forniscono una panoramica generale seguendo il metodo correntemente consigliato e accettato dalla comunità scientifica, per eseguire un compito. Esse costituiscono una raccomandazione, non un obbligo.

Le policy sono delle affermazioni espresse in maniera chiara e semplice circa il modo in cui l'azienda ospedaliera intende condurre la propria attività. Si tratta, in effetti, di un set di principi che aiutano durante il processo di decision making. Le policy non necessitano di essere lunghe, un paio di frasi per ogni area spesso risultano sufficienti.

Le procedure sono invece una serie di passi dettagliati che indicano come eseguire un determinato compito. Esse costituiscono un obbligo per il lavoratore di quella

specifica azienda, infatti, aziende diverse possono avere procedure diverse per lo stesso compito. Le procedure descrivono il modo tramite il quale ogni policy verrà messa in pratica all'interno dell'organizzazione. Ogni procedura dovrebbe esplicitamente indicare:
- Chi farà cosa.
- Quali passi sono necessari.
- Quali documenti, apparecchiature, ecc. verranno usati.

Le policy

Dopo aver considerato le linee guida, il primo passo[101] per perseguire gli obiettivi della sicurezza informatica all'interno della propria azienda ospedaliera, riguarda proprio le policy, ovvero quell'insieme di politiche aziendali da cui dovrebbero poi partorire procedure efficaci ed efficienti per svolgere virtualmente qualunque compito all'interno dell'azienda.

L'uso di tali strumenti di governo, a fronte di dover impiegare una quantità di tempo non indifferente per essere redatte, assicura enormi vantaggi sul fronte della sicurezza, sulla conformità dell'azienda alle leggi statali, aiuta a minimizzare gli incidenti involontari definendo chiaramente le regole di accesso e manipolazione dei dati, il personale autorizzato e le sanzioni che verranno comminati in caso di violazioni.

La stesura di chiare politiche, e conseguenti procedure, è un compito che non può essere affidato ad una singola persona, non solo per l'onerosità temporale

---

[101] Primo passo spesso completamente ignorato tanto da farne una delle vulnerabilità più grandi e da considerare l'*insicurezza informatica* come normalità.

che richiederebbe, ma soprattutto perché si tratta della redazione di comportamenti del personale che appartiene a livelli differenti e possiede formazione eterogenea. È quindi indispensabile coinvolgere tutti gli attori che partecipano ad un dato compito, rendendoli redattori attivi, in questo modo gli stessi risulteranno più aderenti nei confronti di *regole* che hanno scritto di proprio pugno.

Distinguiamo, quindi, due tipi di policy:

- **Politiche di Governo.** Riguardano la gestione dell'azienda, verranno lette sia dai dirigenti sia dal normale personale che vi opera, ed hanno lo scopo principale di fornire un senso di appartenenza all'azienda, indicandone obiettivi imprenditoriali e fornendo una prima indicazione generale di strategia circa la sicurezza.
- **Politiche Tecniche.** Definiscono accuratamente le politiche che in maniera generale sono state presentante al punto precedente pur mantenendo una certa astrazione. Per fare un esempio si può considerare un documento che specifica il modo corretto di operare in un reparto che fa uso di radiazioni ionizzanti oppure cosa fare per velocizzare la procedura di identificazione all'accesso dello stesso reparto.

La fiducia

Il termine **fiducia** è un termine che ha accompagnato l'evoluzione dell'informatica, soprattutto con lo sviluppo dell'e-commerce. Molti dei lettori avranno certamente acquistato beni e servizi online ed avranno notato come ogni sito ci ricordi di essere in possesso di un sistema di transazione *sicuro*, così da rassicurarci quando abbiamo immesso i dati relativi alla nostra carta di credito.

I dati di una grande azienda sono del tutto paragonabili a quelli relativi al nostro conto bancario. Il concetto di fiducia si estende quindi all'intera realtà aziendale e la progettazione ed implementazione di un'infrastruttura per la sicurezza può essere ricondotta allo scopo.

4.1.2 Controllo degli accessi

I locali dei centri di calcolo dovrebbero essere isolati e dotati di accessi controllati, in modo che solo gli addetti ai lavori vi possano accedere e che altre persone (pazienti, lavoratori di altre categorie) vi accedano solo con apposita autorizzazione esplicita e documentata, secondo la relativa policy.

È necessario dotare gli ingressi di apparecchiature per l'**autenticazione** delle persone (es. lettori di badge) e tutte le aperture di allarmi per cautelarsi da intrusioni durante il periodo in cui il centro resta non presidiato. Per il controllo degli accessi è necessario ricorrere a dei sistemi in grado di: - identificare l'utente che richiede l'accesso al sistema, accertarne l'identità mediante un processo di autenticazione delle informazioni ricevute ed, infine, autorizzarne l'accesso. L'identificazione dell'utente viene effettuata mediante l'immissione dell'identificativo ed il successivo scambio di informazioni tra utente e sistema.

I sistemi proposti per l'identificazione variano da quelli più semplici e meno costosi, come la *password*, a quelli via via più sofisticati e costosi, come schede (*smart card*) e *sistemi biometrici* (impronte digitali, vocali, retiniche, ecc.).

Smart card e token card

Il controllo degli accessi mediante schede utilizza *smart card* o *token card*, entrambe provviste di un codice personale identificativo o PIN.

- Le **smart card** sono anche definite carte a microprocessore o *carte intelligenti*, in quanto provviste di un chip, che contiene all'interno dei codici di riconoscimento **cifrati**. Alla smart card viene generalmente associato una password o codice di identificazione che deve essere digitato dopo aver inserito la card nell'apposito lettore. Tale sistema realizza quindi un triplo meccanismo di protezione: un oggetto fisico, un codice di sicurezza e la cifratura delle informazioni contenute nel chip di memoria. Attualmente è il sistema che presenta il miglior rapporto costo/benefici.
- Le **token card**, ancora più sofisticate delle precedenti, contengono un processore che ad intervalli di tempo regolari (in media 60 secondi) genera e visualizza un codice. L'utente è in possesso di un **PIN** (Personal Identification Number) che deve essere immesso utilizzando la tastiera disponibile sulla token card. Una volta immesso, il PIN viene utilizzato per calcolare la password monouso, che viene visualizzata sullo schermo della token card e può quindi essere immessa nel sistema. Lo svantaggio è rappresentato dal maggior costo rispetto alle smart card e dalla relativa complessità nell'utilizzo.

4.1.3 Sistemi di autenticazione biometrica

La **biometria** è la scienza che si occupa della progettazione e realizzazione di dispositivi con la capacità di discriminare gli esseri umani in base alla proprie caratteristiche fisiologiche e/o comportamentali. La tecnologia alla base di questi dispostivi è certamente più avanzata, delicata e costosa rispetto alla tecnologia precedente che, anche per la gestione degli accessi sul piano fisico, si basava su codici o coppie login/password.

Il vantaggio della moderna biometria è nel grado di sicurezza che riesce a fornire, molto elevato e che surclassa ogni altra metodica, pur non essendo priva di svantaggi e/o controindicazioni (**Tabella 3**). In passato queste tecnologie erano relegate a poche strutture governative critiche ma, fortunatamente, oggi è disponibile ad una più ampia utenza grazie alla produzione di massa e relativa riduzione dei costi tanto da essere considerata un requisito essenziale per una seria politica di sicurezza in ambito sanitario. Per avere un'idea circa la diffusione della biometria, dieci anni fa argomento da film di fantascienza, si stima che dai 800 milioni di dollari USA attuali (2011) si passerà ad oltre 3 miliardi di USD nel 2016[102].

Panoramica della tecnologia

Tutti i sistemi biometrici condividono dei processi comuni che ne permette il funzionamento, come il preventivo **campionamento** della caratteristica

---

[102]Dal portale dedicato alla sicurezza homeland http://www.homelandsecurityresearch.com/2011/02/cctv-based-remote-biometric-behavioral-suspect-detection-market-2011-2016/

biometrica che si dovrà controllare. Il campionamento può essere eseguito da una società di terze parti e, trattandosi della rilevazione di dati sensibili, non meno raramente dovrà intervenire l'autorità giudiziaria, come nel caso del riconoscimento facciale.

Un'altra caratteristica riguarda la necessità di campionamenti multipli per ottenere un certo grado di affidabilità nel riconoscimento dei lavoratori legittimi, le cui caratteristiche biometriche verranno confrontate con quelle presenti nel database. È proprio a questo livello che un eventuale hacker può copiare od alterare il database originale o sfruttare gli onnipresenti bug per ottenere l'accesso. I più moderni sistemi biometrici ovviano a questa possibilità crittografando il database originale ed evitandone le operazioni necessarie in locale.

Vediamo le più metodiche più diffuse in base alla caratteristica discriminante:
- **Impronte digitali.** Questa tecnica utilizza una o più impronta digitale per l'autenticazione. Si tratta del metodo più economico e più consolidato nel tempo, tanto da essere integrato in dispositivi generici come le tastiere.
- **Geometria della mano.** In questo caso il riconoscimento dell'individuo prevede la misurazione di alcune caratteristiche uniche della mano tra cui le dimensioni e la lunghezza delle dita. I dispositivi biometrici che vi si basano godono del vantaggio di alcuni vantaggi rispetto alla lettura dell'impronta digitale, in quanto l'individuo è costretto ad introdurre la mano nel dispositivo, che sarà costretta in una posizione ideale mentre nel primo caso diversi

fattori rallenteranno l'identificazione. Il problema maggiore di questi dispositivi è, però, il costo.
- **Riconoscimento vocale.** Si tratta di una metodica controversa a causa dei cambiamenti che naturalmente possono avvenire nella propria voce, come un raffreddore, rumore di fondo e altri aspetti. Il vantaggio più grande di questa metodologia è legata al fatto che eventuali handicap dell'utente possono essere ignorati, fintantoché esso può parlare normalmente.
- **Scansione oculare** (retina o iride). In entrambi i casi si richiede un accostamento dell'occhio al lettore, il che può essere di per sé poco gradito. La scansione della retina risulta più invasivo perché l'occhio deve essere poggiato sul dispositivo di lettura. A parte il rallentamento dell'operazione, sorge un problema d'igiene. La scansione dell'iride è più pratico perché l'autenticazione avviene ad una certa distanza. Il costo di questi dispositivi è ancora elevato.
- **Riconoscimento facciale.** È in uso da diverso tempo, specialmente dalle forze dell'ordine per identificare individui sospetti nei posti pubblici, come nel caso di Londra[103], ove le telecamere sono montate in convenienti punti della nota città e quando il sistema individua un *sospetto* un agente può essere inviato per investigare. In generale questo tipo di riconoscimento è usato come uno screening su larghe fette di popolazione per le quali è necessario un meccanismo di identificazione non intrusivo e che comunque potrebbe richiedere troppo tempo se effettuato con altro sistemi.

---

[103] Meek, James (2002-06-13). "Robo cop". London: UK Guardian newspaper.

Un fattore generale e comune da tenere in considerazione nell'installazione di dispositivi biometrici è il periodo di *rodaggio* che sarà necessario per ogni singolo lavoratore, fintanto da creare i sopracitati campioni. In un'azienda di nuova concezione si dovranno adoperare policy temporanee nel frattempo o anticipare il training del personale prima dell'apertura.

Tecnologia	Precisione	Usabilità	Accettabilità	Problematiche
Impr. Digitali	Alta	Semplice	Medio/Alta	Sporcizia
Geom. Mano	Alta	Semplice	Medio/Alta	Infortuni/età
Ric. Vocale	Alta	Moderata	Alta	Raffreddore/Tosse
Iride/Retina	Molto alta	Moderata/Complessa	Medio/Bassa	Illuminazione
Ric. Facciale	Alta	Semplice	Alta	Posizionamento

Tabella 4. Panoramica tra le varie tecnologie biometriche attualmente disponibili.

4.1.4 Problematiche non tecniche

Come è accaduto in passato per altre innovazioni tecnologiche, anche la biometria sta vivendo un momento in cui, parallelamente ad un forte interesse, può suscitare **sospetti** e preoccupazioni, complice l'industria cinematografica. È opinione abbastanza diffusa che, sulla base di motivazioni sociali ed etiche, diversi aspetti della biometria possano essere definiti poco attinenti all'essere umano o addirittura inaccettabili.

In linea di massima, tali opinioni sono causate essenzialmente dalla poca familiarità che caratterizza l'approccio di alcuni utenti con il mondo della biometria e da alcuni timori su controlli troppo intrusivi nella vita quotidiana. Tradotte in elementi concreti, le preoccupazioni maggiori nascono dal timore di una centralizzazione dei dati biometrici ed un potenziale **uso improprio** di essi. Altre forme di preoccupazione possono nascere dal carattere percepito come invasivo di alcune tecnologie. In generale, ad esempio, alcuni denunciano un certo timore di danni alla vista potenzialmente derivanti dalla biometria dell'occhio. Altri invece si dicono preoccupati della possibile contrazione di infezioni attraverso il contatto con una superfici di sensori toccati da altri utenti. Tutte queste preoccupazioni sono probabilmente destinate a scomparire con il tempo, man mano che la biometria diverrà uno strumento di uso comune.

Lo scopo del presente paragrafo è quindi mettere in evidenza come anche altri **aspetti non tecnici** della biometria, oltre alla privacy, possano considerarsi fattori di influenza determinanti sulle prestazioni di un processo biometrico arrivando, al limite, a decretare una vera e propria inapplicabilità sul campo di esso. Individuiamo quattro aree critiche cui bisognerà dedicare particolarmente attenzione:

1. **Dati personali**. L'utente mostra spesso una certa perplessità quando i dati vengono raccolti in maniera massiccia. Le preoccupazioni riguardano ad esempio

la cosiddetta **function creep** che indica il mascheramento dell'obiettivo della raccolta dei dati verso un'altra finalità che potrebbe portare, se non ad un uso improprio di essi, almeno ad un trattamento senza il consenso degli interessati L'uso di massicci database contenenti informazioni personali dettagliate, hanno fatto nascere delle serie preoccupazioni sulla possibilità per un soggetto di mantenere il proprio anonimato. Il tracciamento fa riferimento all'abilità di monitorare in tempo reale le azioni di un individuo o fare una ricerca in archivi che contengono informazioni su queste azioni.

2. **Salute**. Un fattore da non sottovalutare nell'implementazione di un sistema biometrico è la percezione da parte degli utenti di un potenziale rischio medico associato all'uso del dispositivo di acquisizione. Si può operare una distinzione di massima fra **Implicazioni Mediche Dirette** cioè connesse alla percezione di un rischio fisico associato all'uso di un dispositivo biometrico e **Implicazioni Mediche Indirette** che fanno riferimento alla preoccupazione che il processo biometrico possa rivelare informazioni sullo stato di salute dell'utente. Tra le più discusse metodologie vi è la scansione dell'occhio, le cui tecniche non si sono mai mostrate insicure per la salute dell'organo nonché per il rilevamento di patologie.

3. **Aspetti sociali**. Tra gli aspetti sociali, grande importanza assume il concetto di **accessibilità** che intende, fra l'altro, la valutazione delle eventuali discriminazioni che potrebbero verificarsi a causa di una mancata fruibilità di una tecnologia biometria per handicap fisici.

L'accettabilità

Alcuni fattori psicologici o emozionali possono contribuire a far sì che una particolare caratteristica biometrica o le procedure di accesso di un sistema biometrico risultino poco accettabili per specifici utenti o classi di utenti. In particolar modo il rifiuto può sorgere per due motivazioni:

- **Caratteristica biometrica.** Alcuni utenti provano diffidenza nell'utilizzo di alcune caratteristiche biometriche. Le impronte digitali vengono normalmente associate all'identificazione di *criminali* da parte della polizia e quindi, talvolta, gli utenti accettano malvolentieri un'operazione di questo tipo che è vista come una schedatura. D'altro canto, e per lo stesso motivo, la tradizione e la lunga storia delle impronte digitali contribuiscono a creare una grande fiducia nei sistemi di sicurezza basati su di esse. I sistemi che fanno ricorso a caratteristiche oculari creano invece negli utenti una preoccupazione, anche se ingiustificata, di arrecare danni ai propri organi visivi.
- **Dati aggiuntivi.** Alcune procedure possono richiedere di fornire generalità o informazioni private (ad esempio l'altezza, il peso o l'età) che l'utente vorrebbe mantenere personali.

La **Tabella 4** riassume schematicamente le caratteristiche dei vari sistemi biometrici, tra cui l'accettabilità e l'usabilità, che devono essere debitamente tenute in conto.

4.2 Integrità dei dati

L'archiviazione sistematica degli esami è di fondamentale importanza in radiologia, per consentire l'accesso agli esami precedenti, per adempiere ad un preciso obbligo legale, per creare e mantenere un archivio didattico e per far fronte a qualsivoglia imprevisto.

La nostra infrastruttura per la sicurezza non è perfetta e, nonostante i nostri sforzi, ad un certo punto potrebbe contenere dati la cui integrità non è stata garantita. Per ovviare a questa evenienza, sempre possibile è necessario dotarsi di meccanismi di backup, i quali dovrebbero idealmente trovarsi su siti remoti, per garantire l'integrità dei dati anche in caso di calamità naturale.

Le strategie ed i dispositivi di archiviazione devono imperativamente garantire l'integrità dei dati ed il recupero dei dati critici dell'organizzazione, indipendentemente dall'incidente subito, senza perturbare il funzionamento del sistema informatico. La progettazione dei nostri sistema di sicurezza ruota, quindi, intorno alla definizione dell'insieme dei dati da salvare, della frequenza e della tecnologia di archiviazione.

In rapporto ai tempi di conservazione delle immagini diagnostiche, si distinguono quattro livelli di archivio:
- Archivio a **brevissimo termine**, limitato al tempo che intercorre tra l'acquisizione e la refertazione.
- Archivio a **breve termine**, corrisponde alla durata della degenza in ospedale del paziente, in cui la possibilità di frequenti consultazioni è elevata.

- Archivio a **medio termine**, della durata di un anno dal momento in cui un paziente è dimesso;
- Archivio **storico**, di durata superiore ad un anno.

Strategie di backup

Distinguiamo tre strategie di backup principali:
- L'obiettivo del **backup totale** (*full backup*) è di realizzare una copia conforme dei dati da salvare su un supporto di memorizzazione separato. Tuttavia, per dei grossi volumi di dati, il salvataggio completo può porre dei problemi legati alla performance, di disponibilità a causa della quantità di dati da archiviare o ancora legati al costo D'altra parte permette di ottenere un'immagine fedele dei dati, un'istantanea del database.
- Il **Backup incrementale** (*incremental backup*) consiste nel copiare tutti gli elementi modificati dal backup precedente. Questo tipo di salvataggio è più performante rispetto ad un backup totale dato che permette di focalizzarsi unicamente sui file modificati, richiedendo uno spazio di archiviazione ridotto, pur necessitando dei backup precedenti per ricostituire la base dei dati.
- Il **Backup differenziale** (*differential backup*) si focalizza unicamente sui file modificati dall'ultimo backup completo, il che lo rende più lento e più costoso in termini di archiviazione rispetto ad un backup incrementale ma risulta più affidabile in quanto richiederà solamente l'ultimo backup completo per ricostituire i dati salvati.

4.2.1 Dispositivi di archiviazione

L'archivio locale si trova nelle immediate vicinanze del nostro sistema ed è composto da un insieme di tecnologie per soddisfare i bisogni di archiviazione, anche in funzione del tempo di memorizzazione dei referti e delle immagini imposti dalla legge.

- **RAID** (*Redundant Array of Inexpensive Disk*): la tecnologia RAID è prevalentemente utilizzata per realizzare dei meccanismi di ridondanza allo scopo di preservare l'integrità dei da-ti. Le immagini spedite dalla stazione di refertazione attraverso la rete locale sono archiviate su un sistema costituito da dischi ridondati con capacità da 36 a 630 GB (la grandezza del RAID dipende proporzionalmente dal volume dei dati trattati nel reparto di radiologia). Tutte le operazioni effettuate su un disco sono replicate (*mirroring*) su un altro disco di capacità uguale. Possono essere presenti dischi *Spare* per rimpiazzare eventuali crash dei dischi presenti. Questo sistema è utilizzato per la gran capacità di archiviazione dati e la grande velocità di accesso agli stessi, 5-10 secondi.
- **Juke box** (sistema robotizzato). I dati presenti sul RAID necessitano di un'archiviazione su sistemi che garantiscano la conservazione dei dati. A tale scopo sono utilizzati CD-R, OD, DVD inseriti in juke box che hanno la capacità di contenere un numero elevato di questi supporti. Se il dato richiesto è presente in un media all'interno del juke box, l'accesso ai dati richiesti risulta di circa 30 secondi. In caso contrario il sistema avverte l'operatore del-la necessità di inserire il media contenente i dati richiesti.
- **Libreria a nastri** (*tape library*) o archivio secondario: per ovviare a questo problema spesso si affianca al juke box una libreria a nastri, che ha la caratteristica di poter gestire in tempi ridotti un'elevatissima quantità di dati, recuperando automaticamente il dato che era prima inserito manualmente.

Vantaggi e svantaggi dell'archivio locale

Le performance dei sistemi locali sono intrinsecamente migliori rispetto a quelli remoti e distribuiti, anche grazie alla minore complessità dei sistemi stessi che li rendi economici e facili da mantenere.

Tali sistemi, tuttavia, non presentano grandi protezioni rispetto ai guasti che ne determina un'affidabilità non ottimale. La possibilità di terminare lo spazio di archiviazione è un'altra evenienza che richiede la corretta previsione delle esigenze future per essere evitata. Lo spazio fisico richiesto è certamente un'altra problematica da affrontare, con tutti i problemi di sicurezza relativi ai locali stessi, discussi nel Cap.3.

4.2.2 Storage Area Network

Una **Storage Area Network** (SAN) è una rete o parte di una rete ad alta velocità, costituita esclusivamente da dispositivi di memorizzazione di massa. Un'architettura **SAN** lavora in modo che tutti i dispositivi di memorizzazione siano disponibili a qualsiasi server della rete LAN o MAN di cui la SAN in questione fa parte; una SAN può essere anche condivisa fra più reti interconnesse, anche di natura diversa: in tal caso uno dei server locali fa da ponte fra i dati memorizzati e gli utenti finali. Il vantaggio di un'architettura di questo tipo è che tutta la potenza di calcolo dei server è utilizzata per le applicazioni, in quanto i dati non risiedono direttamente in alcuno di questi.

In una rete SAN le periferiche di *storage* sono connesse ai server attraverso una topologia costituita essenzialmente da alcuni canali, tipicamente in fibra ottica, e da hub e switch/router che consente la coesistenza di sistemi e dispositivi di natura eterogenea, sebbene nella pratica gli aspetti di interoperabilità costringano ancora a creare reti SAN omogenee. Tale strategia risulta necessaria per evitare un sovraccarico della rete proprio grazie all'uso di questi dispositivo (vedi Cap. 2).

Normalmente una SAN utilizza dischi collegati con una struttura di tipo **RAID** per migliorare le prestazioni e aumentare l'affidabilità del sistema.

Vantaggi e svantaggi

La SAN costituisce l'ultimissima tecnologia in fatto di archiviazione ed offre enormi vantaggi:

- **Scalabilità.** L'aumento del volume di dati legato alle attività di un'azienda nello scenario attuale la continua necessità di disporre di una quantità crescente di dati e di informazioni che devono essere consultati, recuperati e salvati ha richiesto l'adozione di sistemi che fossero in grado di supportare questo carico di lavoro. Una SAN ben progettata permette infatti di supplire in maniera flessibile, scalabile, efficace e efficiente alla crescente necessità di gestione dati di un'azienda media. Quando si presenta la necessità di archiviare una mole maggiore di dati, basta inserire un nuovo nodo all'interno della SAN. Inoltre gli strumenti di gestione via via sviluppati permettono un monitoraggio e un controllo relativamente semplice dell'intero scenario.
- **Costi a lungo termine.** I prezzi dei sistemi di archiviazione sono in diminuzione, consentendo l'adozione in ambito aziendale dei più svariati dispositivi. Molto spesso però l'altra faccia della medaglia è stata rappresentata dai crescenti costi di

gestione. Troppo di frequente una progettazione non corretta ha portato a dover riesaminare l'architettura adottata. In questo scenario si è inserito il fenomeno SAN che grazie alle sue caratteristiche di flessibilità e scalabilità permette configurazioni diverse a seconda delle necessità delle applicazioni. Naturalmente il costo delle SAN è tipicamente più alto rispetto a quello dei tradizionali sistemi/architetture di archiviazione, ma il loro impiego va considerato anche in un contesto futuro di risparmio in termini di gestione.

- **Disponibilità.** L'architettura SAN è in grado di garantire percorsi alternativi per raggiungere i dati (instradamento), possibilità di replicazione e spostamento di grandi quantità di dati senza bloccarne l'accesso, e la gestione automatica dei processi di *storage*. Tutte queste qualità la rendono una infrastruttura solida e affidabile in grado di garantire un servizio molto importante: la disponibilità costante della applicazioni e dei dati elaborati.
- **Servless backup.** Il serverless backup o anche lan-free backup è uno dei punti forti dell'architettura SAN. Il problema tipico dei sistemi di archiviazione è quello di decidere quando effettuare il backup dei dati: questo problema è molto più sentito in quei casi in cui le applicazioni e i dati su cui esse operano sono disponibili praticamente in ogni momento, ed è di conseguenza difficile individuare dei tempi morti nei quali effettuare le operazioni. Altro problema da non sottovalutare nei sistemi tradizionali, è il fatto che tutti i dati vengono fatti transitare sulla LAN, influenzando negativamente le prestazioni generali della rete. Le SAN invece sono logicamente e fisicamente separate dalle LAN aziendali e possono di

conseguenza eseguire le operazioni di backup sui propri dispositivi senza influenzarle. Inoltre funzioni diffusissime come copia virtuale e mirroring permettono di fornire la prima citata disponibilità continua di dati e applicazioni.

La SAN non è una tecnologia che può essere giustificata dalla piccola azienda ospedaliera, bisognerà quindi ponderare bene circa la sua eventuale implementazione. Vediamo gli svantaggi:

- **Costi.** Nonostante gli indubbi vantaggi le SAN non hanno subito avuto quella diffusione che si pensava. In particolare da quando hanno cominciato a comparire sul mercato, costo e complessità sono stati due motivi che ne hanno rallentato la diffusione capillare. Molto spesso le aziende ci pensavano due volte prima di adottare una tecnologia nuova e ancora poco conosciuta dal costo così alto. Il problema grosso era anche riuscire ad individuare figure professionali che fossero in grado di progettare, configurare e gestire in maniera efficiente un'architettura così complessa: è importante capire come una SAN mal progettata implichi costi elevati in termini di gestione. Al giorno d'oggi oramai la situazione non è più la stessa e le aziende appena ne hanno le possibilità si indirizzano volentieri verso l'universo SAN, però è bene tenere presente anche queste osservazioni per comprendere a fondo il fenomeno delle Storage Area Network.
- **Interoperabilità.** Il problema cruciale è quello del corretto funzionamento tra i diversi prodotti presenti sul mercato. E' vero che esistono standard ufficiali e de facto nell'ambito storage che vengono adottati dai vari vendor, ma è altresì vero che non si può mai essere certi che i diversi aspetti vengano interpretati

in maniera *uguale* da tutti i fornitori. Il problema è molto più sentito per quel che riguarda il software. Questo è un punto cruciale nel corretto funzionamento della SAN: si può avere infatti una SAN concettualmente corretta e perfetta ma che all'atto pratico non funziona perché i vari dispositivi non riescono a comunicare fra loro o perché le funzioni software di replicazione e backup implementate non si interfacciano correttamente con i vari devices. Il grosso problema è che non esiste uno standard vero e proprio per realizzare una SAN e questo significa che ogni produttore può implementare le proprie varianti. Se all'inizio Fibre Channel era la tecnologia principe per realizzare una SAN ora questo non è più vero: oltre ad alcune alternative proprietarie proposte da alcuni vendors, il mercato si sta sempre più spostando verso il cosiddetto *storage su IP*. Ecco quindi che SAN e FC si trovano a fare i conti con altre tecnologie e protocolli, quali IP, Ethernet e SCSI. In questo scenario come è naturale che sia, si sono formate alcune alleanze di mercato, ma i due organismi più importanti che dovrebbero produrre degli standard validi sono la *SNIA* (Storage Networking Alliance Industry Association) e la *FCA* (Fibre Channel Alliance).

4.2.3 Network Attached Storage

NAS è l'acronimo di **Network-Attached Storage**. Il NAS è composto principalmente da un contenitore di hard-disk, organizzati secondo lo schema RAID preferito e/o predefinito, e da un sistema operativo ottimizzato per la gestione dei servizi di rete.

Il server così composto è connesso direttamente sulla rete (tipicamente Ethernet) tramite un indirizzo IP ed è in grado di rendere disponibile sulla rete lo spazio disco, partendo dalla semplice esportazione di file system fino alla creazione di *LUN* per l'integrazione con l'architettura SAN. Il funzionamento base è simile a quello di un file server. Le differenze sono nel sistema operativo che gestisce il NAS: tipicamente è un S.O. proprietario, di derivazione Unix, (anche se di recente EMC ha esordito con un sistema basato su Windows).

Il sistema è di dimensione ridotte, viene scritto, ottimizzato e potenziato per svolgere la gestione e l'esportazione di file system verso mondi Windows e Unix tramite molteplici protocolli.

Il sistema ottenuto, a seconda delle configurazioni e delle prestazioni della rete, ha un *troughput* e un'efficienza tale da poter arrivare a toccare le prestazioni di un disco locale, nonostante si stia lavorando su rete.

Nei NAS più diffusi sono presenti strumenti come gli *snapshots*, ossia fotografie, che permettono di essere più istantanee del file-system e quindi di mantenere lo storico delle evoluzioni e delle modifiche di quest'ultimo.

A disposizione ci sono inoltre mezzi per la replica e il backup dei file-system presenti sul NAS e strumenti per la sincronizzazione di file-system remoti.

Per quanto riguarda le prestazioni, i NAS utilizzano della RAM dedicata come cache per scrivere i dati in fase di scambio e solo successivamente scrivono sui dischi (in parallelo su tutti quanti) in modo da poter lavorare sempre con prestazioni elevatissime, dato che le operazioni di I/O sul mezzo meccanico vengono ridotte al minimo.

I vantaggi evidenti, oltre alle elevate prestazioni, sono la relativa economicità ed espandibilità della soluzione e la semplicità dell'inserimento in una struttura preesistente. Recentemente la complessità e le prestazioni dei sistemi NAS, grazie anche alla comparsa del protocollo iSCSI, si sono evolute fino a porsi come alternativa, se non concorrente, dell'architettura SAN.

4.2.4 Normativa vigente

L'art.4 D.Min. San. 14.2.97, emanato in virtù dell'atr.111, c.10, legge n.230/95, dispone che indipendentemente dalla forma di archiviazione scelta, *i documenti iconografici prodotti a seguito dell'indagine diagnostica devono essere conservati* **10 anni** mentre il referto deve essere disponibile a tempo indefinito.

Per quanto riguarda le forme di archiviazione ammesse:
- La legge 24.12.1993, n.537 art.2, comma 15, ribadita nella Legge 15.3.1997, n.59 art.15, comma 2, stabilisce la **validità dei supporti ottici**, purché siano eseguite le regole tecniche stabilite dall'**AIPA** (*Autorità per l'Informatica nella Pubblica Amministrazione*) in detto documento.
- La Deliberazione dell'AIPA 24/98, 30.7.1998 ammette l'utilizzo di supporti, purché per essi sia garantita l'operazione di **scrittura** con modifica permanente ed irreversibile;
- In considerazione della rapida evoluzione tecnologica del settore dei supporti ottici e tenendo conto del progressivo consolidamento delle tecniche crittografiche per la firma digitale, l'Autorità ha successivamente predisposto una sostanziale revisione, emanando la Deliberazione AIPA, del 13.12.01, che *autorizza l'utilizzazione di qualsiasi tipo di supporto di memorizzazione digitale che consenta*

la registrazione mediante la tecnologia laser; quindi, non soltanto dischi ottici Worm e CD-R, ma anche magneto-ottici e DVD. Inoltre, tenuto conto di quanto previsto nel già citato testo unico circa la possibilità di impiego ai fini della conservazione di altro mezzo idoneo a garantire la conformità dei documenti originali e in considerazione dell'evoluzione tecnologica nel frattempo avvenuta, la deliberazione consente (art.8) di utilizzare un qualsiasi altro supporto di memorizzazione digitale, oltre a quelli a tecnologia laser, se non ostino altre motivazioni e comunque nel rispetto delle regole tecniche previste dalla deliberazione stessa.

Da notare che L'AIPA dal 30.06.2003 è divenuta **CNIPA**, *Centro Nazionale per l'Informatica nella Pubblica Amministrazione*.

4.2.5 Disponibilità

Un requisito essenziale per la nostra infrastruttura è che essa ci fornisca i propri servizi nell'istante in cui li richiediamo. Per i reparti amministrativi di un'azienda ospedaliera questo requisito potrebbe ridursi alle sole ore diurne dei giorni lavorativi, per un reparto di radiologia dotato di pronto soccorso, invece, sarà necessario un servizio attivo 24 ore al giorno e tutto l'anno, ovvero sarà necessario raggiungere la cosiddetta **alta disponibilità** (*high availability*) dei servizi.

Un altro termine usato di frequente è **affidabilità** (reliability), il quale si riferisce alla disponibilità su un certo intervallo di tempo che nel caso del nostro pronto soccorso si traduce nella necessità della **continuità di servizio**. Bisogna notare che, soprattutto per le reti, affidabilità e disponibilità vengono usati come sinonimi con una netta preferenza per quest'ultimo termine.

In fase di progettazione e/o durante la valutazione dell'acquisto dei nostri sistemi il **tasso di disponibilità** degli stessi, cioè la garanzia che il produttore ci fornisce circa il tempo del loro buon funzionamento, deve essere ponderato attentamente. Premesso che non si potrà mai avere la certezza di una disponibilità pari al 100% del tempo, tassi come 98% potrebbero apparire accettabili soprattutto considerando la notevole differenza di prezzo di soluzioni che arrivano al 99,99%.

Un tasso di disponibilità del 98% significa che in un anno i nostri sistemi saranno *non disponibili* per una durata pari a 7 giorni contro i poco più di 50 minuti che garantisce un tasso del 99,99%.

Dovendo affrontare la minaccia costante di un guasto (*failure*) che può verificarsi in ogni momento ed in ogni dispositivo, la soluzione per mantenere un tasso di disponibilità quanto più elevato possibile è affidata alla **ridondanza**, che di fatto consiste nel **duplicare**[104] le risorse critiche per il funzionamento della nostra rete o di un qualunque sistema informatico. Questo non solo significa che esiste la possibilità di far funzionare la nostra rete mentre uno o più dispositivi non funzionano, la **tolleranza ai guasti** (fault tolerance), ma anche che questa evenienza non è poi così rara. Se pensiamo ad una grande rete, come internet, abbiamo la certezza statistica che in ogni istante la ridondanza permette

---

[104]Talora anche triplicare, per esempio nella memorizzazione degli esami del paziente, che avviene su tre archivi differenti.

l'utilizzo della rete stessa senza che l'utente si accorga di nulla.

Il carico di lavoro

Risulta intuitivo pensare ad un problema di rete causato da un gateway malfunzionante, ad una distrazione del personale che inciampa su un cavo o modifica un'impostazione di sicurezza, ad un software malevolo, ecc.

Al lettore potrà essere capitato di subire un forte rallentamento durante l'uso del proprio computer di casa, magari perché aveva aperto troppi documenti, mentre stava ascoltando della musica o guardando qualche filmato su *youtube*. Talvolta potrà essere capito che il sistema si sia bloccato a tal punto da averne perso il controllo e dover essere riavviato fisicamente, privandone della corrente elettrica. Al riavvio del computer, tutto funziona perfettamente, non è stato necessario modificare o acquistare nessun componente perché ciò che è successo riguarda il superamento delle capacità elaborative del nostro sistema, di un carico di lavoro che non è stato equilibrato e diluito nel tempo.

Abbiamo già affrontato un problema riguardante la **ripartizione del carico di lavoro** (*load balancing*) quando abbiamo introdotto il Sistema di acquisizione delle immagini, cap.3, posto tra modalità PACS per evitare sia l'esaurimento dello spazio di memorizzazione dei piccoli archivi delle modalità sia per effettuare un **controllo di flusso**[105] delle informazioni in ingresso al PACS.

---

[105] Il protocollo TCP fornisce alcuni servizi di controllo del flusso e della congestione del traffico di rete.

Un'altra soluzione alla ripartizione del carico di lavoro consiste nell'implementazione di un sistema pienamente DICOM-compatibile, **Figura 1**, grazie al quale le modalità possono accedere direttamente all'archivio del PACS senza passare dal PACS-server, riducendo enormemente il carico di lavoro dello stesso.

Soprattutto per motivi di sicurezza quanto sopra non è sempre possibile e spesso ciò che nei nostri diagrammi indichiamo come Server in realtà è composto esso stesso da una rete di elaboratori (**cluster**) necessaria a gestire l'alto carico di lavoro relativo a tre aree:

1. **Computazionale.** Si richiede una grande potenza di calcolo, necessaria per particolari ricostruzioni tridimensionali ad alta definizione oppure per eseguire delle operazioni sui grandi database come RIS e PACS;
2. **Di servizio.** Gestire le richieste delle varie workstation può richiedere la presenza di più server, considerando che ogni workstation può stabilire più connessioni che fanno capo a servizi diversi, per esempio nel caso in cui si richiedere un esame e nel frattempo se ne cerca un altro.
3. **Ridondanza.** Sarà necessario aggiungere un certo numero di elaboratori non strettamente necessari ai fini precedenti ma essenziali per assicurare l'alta disponibilità dei servizi offerti.

5 PROFESSIONISTI DELL'AREA RADIOLOGICA

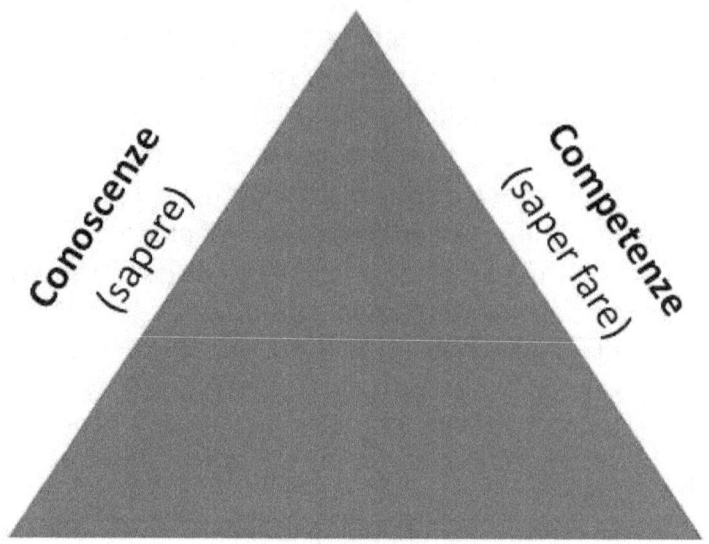

Figura 5. Il triangolo della formazione di Robert Dilts, ricercatore e formatore nel campo dell'apprendimento. Secondo il suo modello, gli individui e le organizzazioni sono in grado di apprendere (sapere) e di mettere in pratica le conoscenze, attraverso i comportamenti e utilizzando le competenze (saper fare), in funzione degli atteggiamenti (saper essere) rappresentati dai propri valori, convinzioni e dal senso di identità. Questi ultimi tre livelli (valori, convinzioni e senso di identità) sono chiamati generativi, proprio perché forniscono il rinforzo, la motivazione e le line guida per lo sviluppo delle competenze, delle azioni e del voler conoscere. Secondo Dilts è quindi proprio l'atteggiamento a fare la differenza.

5.1 Formazione

L'acquisizione di un PACS comporta un gravoso impegno nella fase di studio preliminare e nel planning, che richiedono oltre alle competenze dei professionisti strettamente legati all'area radiologica anche quelle di altre figure professionali che posseggano un adeguato know-how nel versante tecnologico e che conoscano anche le problematiche relative all'imaging, quali fisici sanitari, informatici, ingegneri clinici. La disponibilità di tutte le professionalità necessarie presso la struttura sanitaria non sempre esiste, d'altro canto anche le dimensioni del progetto per l'implementazione di un sistema PACS dipendono dalla complessità e dall'organizzazione dei servizi di diagnostica per immagini e delle strutture a cui questi afferiscono. Il lavoro di una equipe con adeguate conoscenze diviene strettamente necessario all'aumentare del livello di informatizzazione della struttura in cui deve essere inserito il PACS o meglio il sistema RIS-PACS.

Parte essenziale di ogni progetto è lo studio di un percorso formativo che aiuti il personale addetto ad utilizzare rapidamente i nuovi strumenti di lavoro proposti. Oltre all'aspetto tecnologico, il passaggio alla gestione elettronica delle immagini è essenzialmente un processo formativo complesso di **riqualificazione professionale** che modifica notevolmente il modo di lavorare del sanitario.

5.1.1 Organizzazione e pianificazione dei corsi

I corsi verranno organizzati e personalizzati a seconda del pubblico a cui si rivolgeranno (medici, tecnici di radiologia, altre figure tecniche quali fisici sanitari, informatici, ingegneri) in modo da ottimizzare l'utilizzo delle apparecchiature e del sistema, sulla base della indicazioni fornite dal Responsabile di progetto della Radiologia.

Sarà compito dell'*Application Specialist* della Ditta Fornitrice raccogliere le indicazioni e le richieste del Cliente per istituire corsi commisurati alle sue specifiche esigenze. Sarà inoltre compito dell'Application Specialist valutare il livello di conoscenza informatica, ed eventualmente di un particolare applicativo, in modo da poter organizzare classi omogenee e /o corsi integrativi. Una corretta ed efficace pianificazione dipende da una serie di variabili quali:

- Livello di conoscenza informatica del personale.
- Esigenze particolari del cliente.
- Personale a cui il corso si riferisce.
- Condizioni ambientali.
- Complessità del Workflow.
- Eventuali personalizzazioni effettuate sul sistema.

In generale si possono definire tre differenti tipologie di corso:
1. Corso per Amministratore Tecnico di Sistema
2. Corso Utente per Medici Radiologi
3. Corso Utente per Tecnici di Radiologia

Gli Application Specialist forniranno ai partecipanti dei corsi tutto il materiale didattico necessario per lo svolgimento del primo corso (manuali dell'utente, CD Rom divulgativi ecc.). Una seconda sessione di corsi di solito si rende opportuna, dopo un periodo definito dal reparto radiologico e dalll'Application Specialist, con il preciso scopo di risolvere qualsiasi dubbio insorto dopo l'inizio dell'utilizzo operativo del sistema. Preliminarmente alla fase di formazione dovranno essere identificate le figure degli Amministratori Tecnici di Sistema, che rappresentano la principale interfaccia tra la figura dell'Application Specialist ed il reparto radiologico; saranno loro a raccogliere le problematiche scaturite dall'utilizzo del sistema e ad effettuare il primo livello di supporto.

5.1.2 Il Medico Radiologo

Questo corso con lezioni impartite dagli Application Specialist fornisce agli utenti la preparazione necessaria per utilizzare un sistema o i singoli apparecchi per le consuete operazioni svolte da un Medico Radiologo. La classe omogenea sarà composta da circa cinque partecipanti. Gli obiettivi del corso permetterà i discenti di:
- Accedere ad un applicativo dedicato.
- Acquisire le immagini provenienti dalle diverse modalità diagnostiche.
- Visualizzare le immagini utilizzando tutti i tools messi a disposizione dal sistema.
- Comunicare all'Amministratore Tecnico di Sistema eventuali anomalie di funzionamento.

Argomenti trattati:
- Introduzione sulla piattaforma Hardware e Software Utilizzata.
- Descrizione delle funzioni d'uso del sistema.
- Descrizione approfondita dell'Interfaccia Utente.
- Integrazione con un sistema RISMIS.
- Corretta procedura di utilizzo del sistema.

- Segnalazione dei problemi all' Amministratore Tecnico di Sistema

5.1.3 Il Tecnico Sanitario di Radiologia Medica

Questo corso con lezioni impartite dagli Application Specialist fornisce agli utenti la preparazione necessaria per utilizzare un sistema o i singoli apparecchi per le consuete operazioni svolte da un Tecnico Sanitario di Radiologia Medica. La classe omogenea sarà composta da circa cinque partecipanti. Gli obiettivi del corso mirano a rendere i discenti competenti nel:
- Accedere ad un applicativo dedicato.
- Acquisire le immagini provenienti dalle modalità.
- Visualizzare le immagini.
- Eseguire il post-processing sulle immagini.
- Archiviare e stampare le immagini.
- Comunicare all'Amministratore Tecnico di Sistema eventuali anomalie di funzionamento.

Argomenti trattati:
- Introduzione sulla piattaforma Hardware e Software Utilizzata.
- Descrizione delle funzioni d'uso del sistema.
- Descrizione semplificata dell'Interfaccia Utente.
- Corretta procedura di utilizzo del sistema.
- Segnalazione dei problemi all' Amministratore Tecnico di Sistema.

5.2 L'amministratore di sistema

L'Amministratore tecnico di sistema PACS (System Administrator) è la principale nuova figura introdotta dall'avvento del PACS, totalmente dedicata a questo ed è vitale per tutte le operazioni di una radiologia informatizzata: necessita di competenze incrociate di Radiologia e d'Informatica.

La figura dell'amministratore tecnico di sistema costituirà il primo riferimento per la funzionalità del sistema RIS/PACS. La corretta individuazione di tale figura è di fondamentale importanza per la riuscita del progetto e, per tale ragione, è consigliabile che la figura professionale identificata combini una conoscenza della pratica radiologica (delle apparecchiature radiologiche e delle tecniche di acquisizione, delle immagini da loro prodotte e del flusso di lavoro) ad una competenza informatica di base. Tale ruolo infatti prevede l'esecuzione quotidiana sia di operazioni tipicamente *informatiche* necessarie al controllo dell'efficienza e al corretto funzionamento del sistema (back-up del database e gestione del jukebox), sia di attività che necessitano di competenza radiologica, quali il controllo della corretta attribuzione delle immagini al tipo di esame, oltre alle altre operazioni normalmente eseguite durante l'esecuzione degli esami.

Tale figura professionale costituisce, sulla base di quanto programmato e concordato con il *Project Manager* della Radiologia, la prima interfaccia sia con l'analista PACS della casa produttrice e con l'analista-tecnico informatico Ospedaliero che con il restante staff di TSRM per tutti i problemi operativi connessi con il PACS. Il numero di amministratori tecnici di sistema suggerito è di 2-3 persone dipendentemente dalle dimensioni del reparto e del PACS che collaborino strettamente con gli analisti forniti dal Servizio di Informatica Ospedaliera.

L'analista-tecnico Informatico Ospedaliero sarà principalmente coinvolto nelle operazioni informatiche di routine, mentre l'*Amministratore tecnico di Sistema* sarà responsabile di orientare e verificare il corretto utilizzo del sistema RIS/PACS da parte dei restanti operatori del reparto radiologico e di effettuare le prime operazioni correttive nonché il back-up del database e la gestione del jukebox. A questa posizione vengono affidate, in fase di installazione, per quanto di stretta competenza, la verifica che la configurazione del prodotto corrisponda a quanto pianificato preliminarmente rispetto ai requisiti dello specifico work-flow del reparto come proposto dal Project manager della Radiologia e realizzato dal Project manager della Ditta fornitrice ed, in fase applicativa, il coordinamento e l'amministrazione quotidiana di tali sistemi, oltre ad intervenire con un primo atto di soccorso nei fermi macchina. A questa posizione può essere affidato dal Project manager della Radiologia il compito di istruzione e di addestramento del personale, rappresentando il Trainer del PACS per tutte le figure professionali coinvolte, e la manutenzione giornaliera del sistema.

Gli Amministratori tecnici di sistema vanno identificati e proposti dal Responsabile di Progetto della Radiologia, preferibilmente all'interno dello staff del reparto radiologico (eventualmente affiancati da analisti dal Servizio di Informatica Ospedaliera.) per garantire la massima affidabilità, legata alla superiore capacità di comprensione della genesi dei possibili errori insorti durante l'attività del PACS, legati di volta in volta a problemi operativi radiologici od informatici. Il sistema

RIS-PACS non comporta la sola gestione di dati, ma anche la gestione di immagini radiologiche prodotte in condizioni lavorative e con tecniche talora particolari, la cui conoscenza è assolutamente requisito indispensabile per effettuare un pronto intervento correttivo degli eventuali errori umani o tecnici incorsi.

5.2.1 Competenze

Il TSRM è la figura ideale per svolgere il compito di Amministratore di Sistema, che richiede:

- Figura professionale con esperienza diretta di radiologia, comprendendo conoscenze tecniche, anatomiche, di imaging ed organizzative del workflow del reparto radiologico.
- Attitudine e formazione specifica in informatica ed utilizzo delle tecnologie digitali.
- Conoscenza della terminologia medica. Poiché questa figura funge da intermediario tra lo staff medico e quello informatico (della Ditta fornitrice ed interno all'azienda), è indispensabile la conoscenza della terminologia in uso corrente per la comunicazione dei problemi.
- Flessibilità di orario e tempo destinato al progetto, specie durante la fase di addestramento.

5.3 Vademecum Sicurezza Informatica

Al fine di riassumere le informazioni di diretta applicazione nella pratica quotidiana contenute nel presente elaborato, concludiamo con un vademecum in 10 punti sulla Sicurezza Informatica, utilizzando un linguaggio semplice, giovanile ed accattivante. Tale documento potrebbe essere plastificato e posto nello stesso tavolo degli elaboratori usati dal personale socio-medico-sanitario.

Regola	Descrizione
0. **Fortuna**	Non basare la tua giornata lavorativa sulla fortuna.
1. **Consapevolezza**	Comprendi la natura del tuo lavoro.
2. **Lettura**	Assicurati di conoscere le linee guida, le policy e le procedure aziendali (e relative revisioni).
3. **Partecipazione**	Partecipa attivamente alla discussione e alla redazione delle procedure. (Se hai trovato un modo migliore per portare al termine un determinato compito, fallo presente sin da subito e comunque alla prima revisione della procedura interessata. Far finta di niente, continuare col proprio metodo ed ignorare la procedura, ti porterà inevitabilmente delle grane).
4. **Osservazione**	Se lavori da un po' di tempo in un reparto, ti basterà dare una semplice occhiata per comprendere se il workflow scorre normalmente o in modo anomalo.

Regola	Descrizione
5. **Privacy**	Fai in modo che i dati personali rimangano tali. Non parlare di un paziente con altri colleghi se non strettamente necessario.
6. **Salvaguardia**	La strumentazione che ti è stata assegnata è un bene di tutti, proteggila ed usala al meglio.
7. **Autorizzazione**	Assicurati che solo il personale autorizzato acceda ai locali preposti. Entrare in un'area riservata passando con un collega autorizzato, mette in pericolo prima di tutto te stesso (senza contare il personale, la strumentazione nonché i dati ivi contenuti).
8. **Credenziali**	Proteggi le tue credenziali di accesso, cambia la tua password ogniqualvolta previsto (e comunque mai oltre un mese) e porta sempre con te l'eventuale smart card anche se ti devi allontanare per pochi istanti.
9. **Dispositivi mobili**	Chi ha la necessità di memorizzare dati sensibili su dispositivi mobili per motivi di lavoro, deve adottare delle precauzioni speciali.
10. **Amministratore**	Per qualunque dubbio rivolgiti all'Amministratore di Sistema.

Tabella 5. Vademecum Sicurezza Informatica, dedicato agli operatori dell'area sanitaria. Queste semplici regole di buon senso possono fare la differenza e migliorare sensibilmente il livello di robustezza informatica dell'azienda ospedaliera in cui vengono adottate.

Figure, Tabelle e Diagrammi

Diagramma 1. Un diagramma dei casi d'uso secondo il linguaggio di modellazione UML che descrivere le interazioni tra il Paziente ed il sistema "Reparto di Radiologia". Partendo da un caso d'uso qualunque, racchiuso in un ovale, e seguendo le relazioni tra gli stessi, <<precede>> ed <<invoca>> si può ricavare l'ordine in cui i passi dovranno essere compiuti. I casi d'uso con sfondo giallo sono strettamente legati al RIS mentre quelli in verde riguardano la produzione/visualizzazione delle immagini, sono quindi legati al PACS. Si veda il testo per ulteriori spiegazioni.

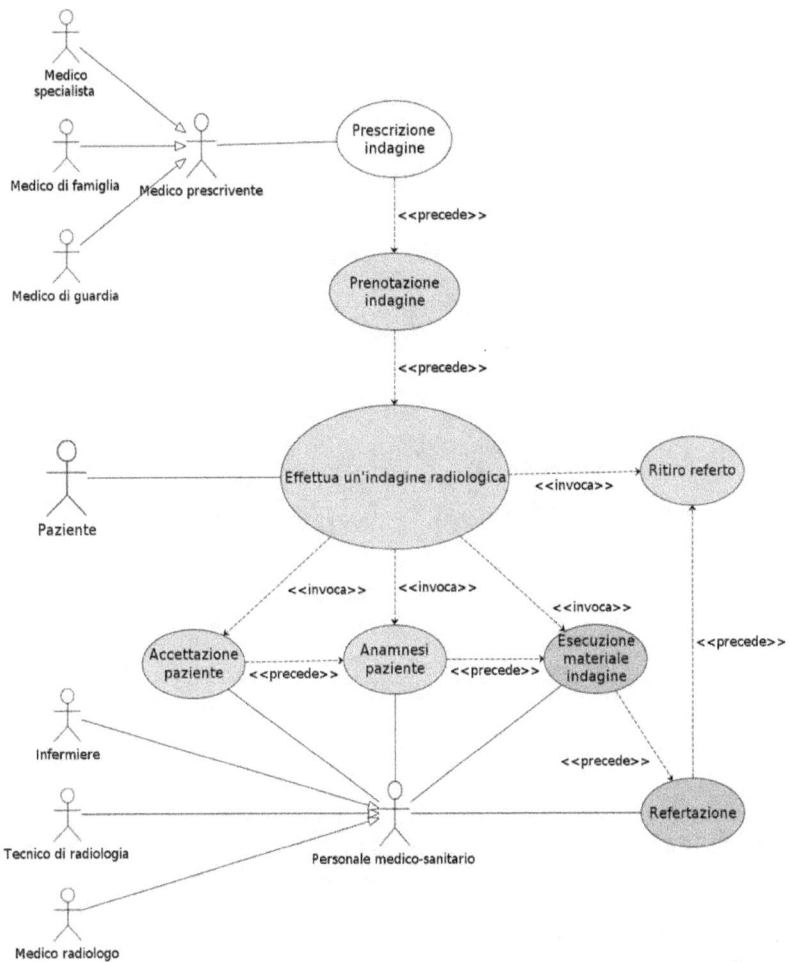

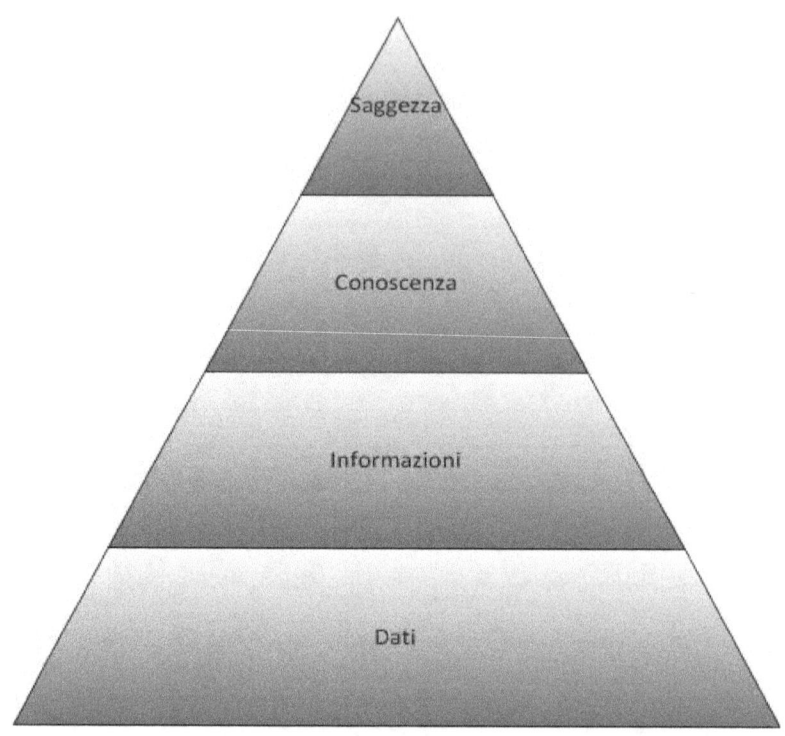

Figura 6. La piramide della Conoscenza è un modello che sintetizza la moderna Gestione della Conoscenza (Knowledge Management) scienza dalle antichissime origini che di fatto risale alla costruzione della prima biblioteca. La base della piramide è costituita dai dati grezzi, alcuni dei quali potranno essere contestualizzati e forniranno delle informazioni. Un sottogruppo di informazioni correlate consentirà applicazioni in ambito specifico (conoscenza) e più "set di conoscenza specifica" creeranno una capacità generale (saggezza) in grado di affrontare anche gli ambiti per i quali non si erano raccolti dati specifici.

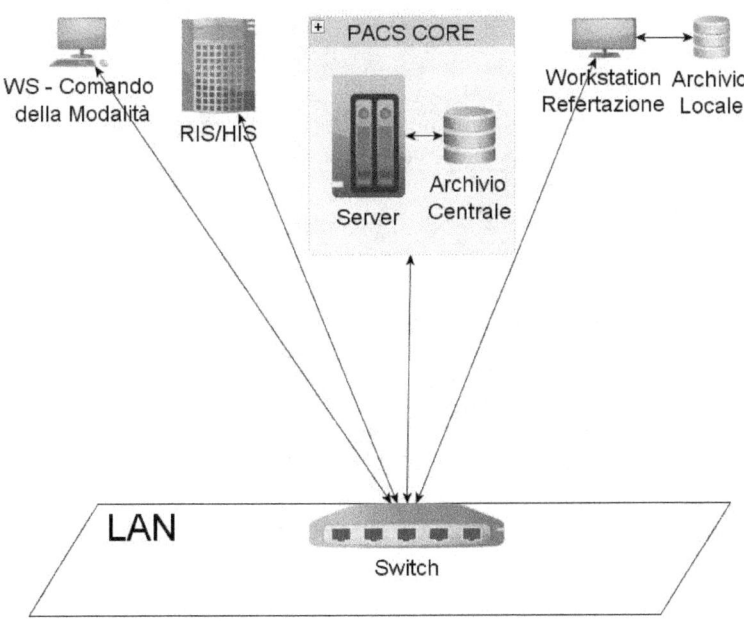

Figura 7. Esempio di una semplice architettura proprietaria di una piccola azienda sanitaria, la quale dovrà gestirne costi, manutenzione ed aggiornamenti. Da notare l'assenza di comunicazione con l'esterno, soprattutto con internet e la necessaria presenza di archivi locali.

Figura 8. Una volta "aperto" vengono considerate le singole foto dell'album, ognuna delle quali sarà segmentata, ovvero divisa, in striscioline dette segmenti. Ogni segmento verrà suddiviso in un certo numero di pacchetti e successivamente in frame. Alla fine del processo, la scheda Ethernet trasferirà una sorta di puzzle delle nostre foto, in forma binaria. Il destinatario riceverà tali bit che seguiranno un percorso inverso per essere ricomposti e generare i dati iniziali, le nostre foto.

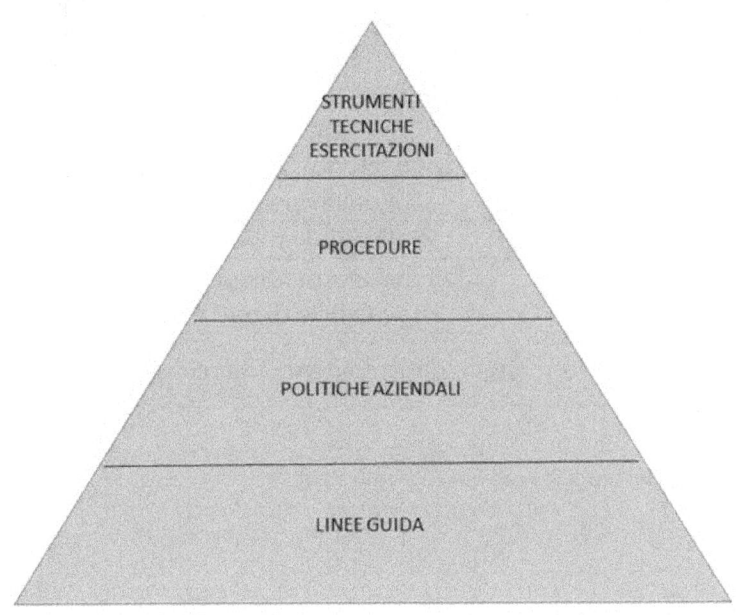

Figura 9. La qualità e gli strumenti di governo di una moderna ed efficiente azienda ospedaliera sono oggi basati su concetti come linee guida, policy e procedure. Nelle organizzazioni sanitarie, termini dal significato diverso vengono spesso usati come sinonimi, impedendo l'adozione di un linguaggio tecnico-specifico condiviso e preciso nonché esponendo i professionisti a potenziali rischi di natura medico-legale.

MINACCIA	CONSEGUENZE
Umidità	L'umidità ridotta porta all'accumulo di elettricità statica mentre quella elevata alla condensa.
Temperatura	Malfunzionamento, guasti e riduzione della vita delle apparecchiature.
Liquidi	Malfunzionamenti e guasti.
Fumo ed incendi	Malfunzionamenti, guasti e perdita irreversibile di dati e risorse
Sostanze chimiche	Grave pericolo per la salute del personale.

Tabella 6. Suscettibilità alle minacce ambientali.

Bibliografia

Huang HK. Enterprise PACS and image distribution. Comp Med Imag Graph 27(2 –3): 241 –53; 2003.

Huang HK. PACS and Imaging Informatics: Principles and Applications . Hoboken, NJ: Wiley;2004.

Zhou Z, Gutierrez M, Documet J, Chan L, Huang HK, Liu BJ, The role of a Data Grid in worldwide imaging-based clinical trials. J High Speed Networks; 16(1), 21 – 33, 2007.

Huang HK. Utilization of medical imaging informatics and biometric technologies in health-care delivery. Intern J Comp Asst Rad Surg 3: 27 – 39; 2008.

Law M, Huang HK. Concept of a PACS and imaging informatics-based server for radiation therapy. Comp Med Imag Graph 27: 1 – 9; 2003.

Liu BJ, Huang HK, Cao F, Zhou MZ, Zhang JZ, Mogel G. A complete continuous-availability PACS archive server. Radiographics 24: 1203 –9; 2004.

Liu BJ, Cao F, Zhou MZ, Mogel G, Documet L. Trends in PACS image storage and archive.

Comput Med Imaging Graph 27: 165 – 74; 2003.

OsmanR,SwiernikM,McCoyJM.FromPACStointegrated EMR. Comp Med Imag Graph 27(2 – 3): 207 – 15; 2003.

Siegel EL, Huang HK. PACS and integrated medical information systems: design and evalu-ation. Proc SPIE . 4323: 426; 2001.

Allcock W, Bresnahan J, Kettimuthu R, Link M, Dumitrescu C, Raicu I, Foster I. The Globus striped GridFTP framework and server. Proc Super Comput ; Nov. 12 – 18 ACM, Seattle, Washington, 1 – 11; 2005.

E. Bagarinao, T. Nakai, Y. Tanaka "Medgrid project, using grid technology for brain studies" Philippine Information Technology Journal - Volume1 Number1 of February 2008, 3-7.

Emanuele Neri, Paolo Marcheschi, Davide Caramella "Produrre ed elaborare immagini diagnostiche" Springer 2008.

Delic K. A., Walker M.A., "Emergence of the academic computing cloud " ACM Ubiquity, Volume 9, Issue 31 August 2008.

Sitografia

Da notare che tutti i riferimenti usati esplicitamente nel testo sono ivi citati.

Globalcrossing. http://www.globalcrossing.com.

http://apps.internet2.edu/rsna2003-demos.html#RemoteTreatmentPlanning.

http://networks.internet2.edu/rons.html.

http://www.freesoft.org/CIE/RFC/792/index.htm.

http://www.interne2.edu.

http://www.novatelwireless.com/pcproducts/g100.html.

http://www.siemenscordless.com/mobile phones/s46.html.

DICOM Standard 2008. http://medical.nema.org/medical/dicom/2008.

DICOM Standard 2003. http://www.dclunie.com/dicom-status/status.html#BaseStandard.

Health Level 7. http://www.hl7.org/.

Health Level 7 — HL7 Version 3.0: Preview for CIOs, Managers and Programmers.

http://www.neotool.com/company/press/199912 v3.htm#V3.0 preview

Graham IG. A (very) brief introduction to cryptography. http://www.onthenet.com.au/~

grahamis/int2010/week10/crypto.html.

alRen, http://www.cenic.org/calren/index.htm, accessed on March 14, 2006.

HARNET. http://www.jucc.edu.hk/jucc/content harnet.html, accessed 14 Mar 2006.

HIPAA Security Standard. http://www.hipaadvisory.com/regs/finalsecurity/

http://searchdomino.techtarget.com/news/article/0,289 142,sid4 gci912158,00.html.

https://cabig.nci.nih.gov/overview.

http://wiki.ihe.net/index.php?title=Cross Enterprise Document Sharing.

http://www-03.ibm.com/grid/pdf/fsgmas.pdf.

http://dev.globus.org/ wiki/Incubator/MEDICUS.

www.ingramcontent.com/pod-product-compliance
Lightning Source LLC
Chambersburg PA
CBHW060854170526
45158CB00001B/356